青春解码

广州市未成年人保护综合服务平台“12355”

个案案例选集

共青团广州市委员会
广州市未成年人保护委员会办公室 编 著
广州市青年文化宫

广州新华出版发行集团
广州出版社

图书在版编目（CIP）数据

青春解码：广州市未成年人保护综合服务平台“12355”个案案例选集 / 共青团广州市委员会，广州市未成年人保护委员会办公室，广州市青年文化宫编著．—广州：广州出版社，2020.5

ISBN 978-7-5462-2922-5

Ⅰ．①青…　Ⅱ．①共…　②广…　③广…　Ⅲ．①青少年—社会服务—案例—广州　Ⅳ．①D432.6

中国版本图书馆 CIP 数据核字（2020）第 063023 号

青春解码——广州市未成年人保护综合服务平台“12355”个案案例选集

Qingchun Jiema Guangzhou Shi Weichengnianren Baohu Zonghe Fuwu Pingtai "12355" Ge'an Anli Xuanji

---

编　　著　共青团广州市委员会　广州市未成年人保护委员会办公室　广州市青年文化宫

出版发行　广州出版社

（地址：广州市天河区天润路 87 号 9 楼、10 楼　邮政编码：510635）

责任编辑　杨朋云

文字编辑　李　珊

责任校对　黄焕姗

责任技编　刘雁明

装帧设计　广州南牧文化传播有限公司

印刷单位　湛江南华印务有限公司

（地址：湛江市霞山区绿塘路 61 号　邮政编码：524002　电话：0759-2626900）

印　　张　10.75

字　　数　227 千

规　　格　787mm×1092mm　1/16

版　　次　2020 年 5 月第 1 版

印　　次　2020 年 5 月第 1 次

书　　号　ISBN 978-7-5462-2922-5

定　　价　48.00 元

编委会

序

PREFACE

假如把生命比作旅程，当生命驶入青春时节，便被赋予了“璀璨的韶华和炽热的血液”。假如把人生比作四季，青少年阶段便是孕育理想，确立志向的春天。青少年的健康成长是国家和民族的未来所系，有赖于全社会的共同守护。

花城有爱，守护未来。2007 年，共青团广州市委员会开通 12355 广州青少年服务台，陪伴广州青少年同行成长路；2014 年，12355 广州青少年服务台与广州市未成年人保护综合服务平台共建；2016 年进行转型升级，逐步转型为集咨询服务、个案处理、专项项目于一体的全市青少年综合服务平台。

本书从 12355 广州青少年服务台过去积累的服务个案中选取了具有典型性的个案故事，分别从学习压力、青春期困惑、家庭教育、心理疾病干预四个方面，呈现成长路上的荆棘困惑、家庭教育中的难点与痛点，还原个案情景，分享服务台处理方法，并给出具体建议。

我们真诚希望，青少年朋友在阅读的过程中能感受到自己的成长旅程并不孤单，掌握“青春密码”后能够对自己有更准确的认识，欣赏自我，欣赏成长的魅力，找到更多解决问题的方法。

我们真诚希望，家长朋友通过“青春密码”了解孩子身心发展的特点，在此基础上调整与孩子相处的方式；通过“青春密码”了解孩子行为背后的动机，了解如何更好地保护孩子的安全，如何更好地陪伴孩子成长。

借本书出版之际，我们向所有为 12355 广州青少年服务台（广州市未成年人保护综合服务平台）给予支持和帮助的热心人士、机构、相关单位和部门表示最诚挚的感谢，也期待更多力量参与到未成年人保护事业中来，共同为青春之舟点亮航灯、保驾护航。

（注：本书案例故事人名均为化名。）

本书编委会

2019 年 12 月

青春解码

目 录

CONTENTS

第一章 | 学习压力与考试竞争

第二章 | 青春困惑与人际交往

第三章 | 亲子关系与家庭教育

第四章 | 生命意识与唤醒辅助

◎ 章首语

学习应该是快乐的

考考考，老师的法宝；分分分，学生的命根。学习是未成年人成长路上最主要也是最重要的组成部分。长久以来，他们既要面对考试升学带来的学习压力，又无法躲避日趋激烈的社会竞争。当他们缺乏支持和关怀、情绪纾解方法使用不当时，各种心理问题、行为问题也随之而来。

“我已经很努力了，可是父母总是不满意。”“我怎么都学不好，考不上父母指定的学校怎么办？”“今年就要高考了，可是我突然不想学习。”……不仅成绩暂时落后的孩子有学习压力，越来越多的“学霸”也表示“压力山大”。这种持续的压力可能让孩子变得敏感、压抑、沮丧，继而让他们对学习失去兴趣，与父母的争执也越来越多。当学习成绩与指责、辱骂等令人不愉快的行为体验挂钩，孩子可能逐渐为了应付家长而学习，最终会产生厌学情绪。

在接下来的案例分析中，我们会与父母探讨如何激发孩子的学习动力，告诉孩子在学习上遇到瓶颈该怎样处理，过重的学习压力如何缓解，中考、高考前如何调整状态，等等。

当孩子意识到学习不再是为了应付老师、父母，而是事关自己人生的大事；学习不只为取得好名次，还能为实现理想打牢基石；学习压力不仅不会将他引入无尽的深渊，还可以转化为他源源不断的前进动力，学习将成为一件无比快乐的事。

第一章

学习压力与考试竞争

孩子学习动力不足怎么办?

■ 曾会莲（12355 广州青少年服务台在线专家）

刘女士是个很重视孩子学习的母亲。从儿子洋洋上小学开始，她投注了全部心力，想办法让他入读名牌学校，不断花钱让他上课外辅导班。洋洋念小学的时候成绩还不错，可是进入中学之后越来越不喜欢学习，做作业越来越拖拉，完成作业之后也不愿复习或多做练习，学习成绩每况愈下。

焦虑的刘女士为了更好地管教儿子，连工作都辞了。每天儿子写作业时，她就像监工一样在旁边守着，检查孩子的作业和试卷，催促他快点做完。可是洋洋的作业质量和考试成绩越来越差，刘女士整天唉声叹气。如果她批评儿子不用心，儿子就会跟她吵起来。刘女士很头痛，觉得儿子越来越不听话。

刘女士的丈夫工作很忙，很少在家，更不要说管教儿子了。刘女士和丈夫的关系一直就不大好，现在因为儿子的事情，彼此之间更是互相指责，经常吵架或冷战。

还有一年就要中考了，洋洋一天到晚无精打采的，刘女士不知如何是好。

个案分析

咨询师在与刘女士沟通之后认为，孩子学习动力不足，需要先找到其背后的心理原因，才能对症下药。学习动力不足通常有多种原因，根据刘女士的做法和洋洋的表现，可以总结如下：

1. 随着学习难度的增加，孩子面对的困难越来越多，不断体验到挫败感，因而对学习产生了害怕和厌倦的心理。

2. 刘女士对孩子表现出巨大担忧，并进行了严格的管教控制，给孩子造成了很大的压力，引发了孩子的对抗情绪。因为学习这件事总是跟妈妈的唉声叹气和各种指责数落联系在一起，所以孩子一想到学习就会烦躁，变得越来越不爱学习。

3. 父亲总是不在家，孩子得不到父性力量的支持，会缺少战胜困难的强大能量。

4. 父母关系紧张，导致家庭氛围不好，孩子受到父母负面情绪的影响，经常心情烦躁，担心父母关系破裂，得不到爱的滋养，就更难带着愉快的心情去学习了。

因此，咨询师建议：

首先，面对孩子在学习动力上的不足，家长要学会共情，体会孩子的痛苦，相信孩子并非生性懒惰、意志软弱、胸无大志，孩子总是想取得好成绩的，

但是他遇到了困难。

其次，洋洋已经是个中学生了，调动他的内生动力比管束他的行为重要得多。父母要做的，应该是支持、鼓励而不是管教，更不是指责。在中考的压力之下，孩子需要更多的关怀。母亲辛苦烹制的美味饭菜、温和的笑容、宽容的话语、温暖的拥抱，才能让孩子充满力量去解决问题。

再次，要设法破解孩子的无助心态，父母和老师可以引导他建立一些比较容易实现的小目标，不断积累小目标完成后的成就感，恢复对学习的兴趣。增加对孩子行为层面的肯定，只要有一点点进步就给予孩子鼓励。不宜对孩子提不切实际的要求。

最后，我们要明确，在日常生活中，父亲往往比母亲更能带给孩子勇气、力量和责任感。刘女士应该退后一步，给予父子俩更多的心理空间，让家庭内部的能量发生新的流动，全家一起动，孩子才会动。刘女士应该和丈夫坦诚沟通，增加彼此的信任和爱，让夫妻关系更加和谐，让家庭氛围更轻松快乐。当孩子感受到家庭氛围的转变，感受到幸福，才能更安心地学习。

孔子说：知之者不如好之者，好之者不如乐之者。兴趣和热爱，是人类学习的重要动力。父母要相信，自己在某些方面做得不足，可能会破坏孩子的学习兴趣。所以，父母可以跟孩子多沟通，了解孩子缺乏学习兴趣的原因。刘女士也要改变过于看重学习成绩的态度，主动去协助孩子，让孩子摒除压力，感受到学习本身的乐趣。可以推荐孩子看一些励志电影或书籍，感受到榜样的力量，对未来有更多的憧憬。

刘女士通过与咨询师的多次沟通，慢慢找到了原因和方法，努力放下对孩子的指责、控制和否定，慢慢学会鼓励和支持孩子。同时她把丈夫也带到咨询师跟前。丈夫也意识到孩子的问题与自己的教育缺席有很大关系，从此腾出更多时间陪伴孩子。经过一段时间的努力，洋洋的学习动力慢慢恢复，学习成绩也开始好转。

成长建议

从热线咨询情况来看，不论是中小学生，还是大学生都有不同程度的厌学情绪，且呈现低龄化趋势，有的学生在小学一年级就开始厌学。另外，好学生厌学的现象也越来越多。这些现象和部分教师采取单向灌输的教学方法，以及愈演愈烈的功利化教学追求，是分不开的。在这个层面来讲，孩子也是受害者。家长要学会与孩子共情，意识到孩子要建立起学习动力，本来就是有难度的，需要我们给予更多的理解和帮助。

美国“积极心理学之父”塞利格曼提出，一个人学习或做事缺乏动力，往往是因为在过往的种种经验中，产生了习得性无助。比如：洋洋学习成绩越来越差，不断体会到自己的无能；老师和家长各种指责、否定，让他不断体会到羞愧；面对难度越来越高的学习题目，想到中考和自己的前途，他可能会产生无望的感受。而人性又都是趋乐避苦的，习得性无助之下，洋洋很容易产生逃避的念头，学习动力就会更加不足了。所以，要破解习得性无助这一难题，家长一定要减少对孩子的批判和否定，降低高要求，避免过度唠叨，想方设法帮助孩子解决实际困难。

家庭治疗专家认为，个人的症状行为的产生不单有个人原因，还与整个家庭系统有关，夫妻关系一定会影响亲子关系。子女教育出问题，往往是因为夫妻关系出了问题。所以，营造家庭成员之间和谐顺畅的沟通氛围，强化彼此支持的关系，是非常重要的。

积极心理学的重要概念“心流”是一种将个人精力完全投注在某种活动时的心理状态，被视为破解厌学难题的关键。父母尽量少打扰孩子，让孩子慢慢建立专注的习惯，就有可能慢慢获得一些类似心流的体验，学习动力就会明显地增强。

高三期间忽然不想学习了？

■ 陈金辉（12355 广州青少年服务台社工）

小艺是一名高三在读女生，虽然就读于一所重点中学，但学习成绩一直处于中等水平，平时在同学当中也没有什么存在感。伴随着高三以来每个月的考试，她感到与同学的关系更加紧张，自己也越来越力不从心，很不适应。她感觉学习压力越来越大，与父母之间的关系也越来越糟糕。从之前喜欢学习到现在内心非常抗拒学习，偶尔还会偷偷逃学。对此，小艺的内心非常纠结，她不能接受这样的自己，又难以认真投入学习，于是致电 12355 诉说心事，寻求帮助。

个案分析

不想读书，想到高考，再也熬不下去了。有部分高三学生，在不同阶段具有不同程度的厌学情绪，具体表现为对学习成绩漠然，心情烦躁，无法集中注意力，作业不按时完成，甚至采取逃学、旷课等方式逃避学习，认为高考基本无望，觉得时间难熬或上课就是一种折磨等，这些问题在学习成绩中等的学生中表现最为严重。

引起高三学生厌学情绪的原因有很多，一般有以下几个方面：

一是压力过大。因为学习压力大、外界期望过高或家庭对自己的要求过于严格，导致缺乏自信而引起恐慌和焦虑。

二是目标缺失和动力不足。因为没有清晰的奋斗目标，或者只有考上大学这样的目标而对读书上学的意义未曾深入思考，或者因为其他的人生目标使学习的内在动力转移。

三是现阶段学习上遇到的困难较多。由于学习基础薄弱、学习方法不恰当等原因，对现阶段所学的内容感觉压力过大而力不从心，从而产生了不想继续投入学习的心理。

四是家庭、学校等环境的影响。或是父母寄予了过高的期待，或是父母热衷于玩手机、打麻将而对孩子的学习漠不关心，或是老师过于严厉而缺乏关心，亦或是同学之间的矛盾甚至遭受同学的孤立，这些环境问题也可能是影响高三学生学习的关键因素。

成长建议

首先，和小艺一起分析高三厌学的原因。父母需认真倾听小艺的倾诉，了解小艺的经历，与小艺一起找到厌学的具体原因。经过和小艺交流，小艺厌学情绪的产生主要是因为缺乏明确的奋斗目标、学习基础薄弱和父母给予过大压力等。

其次，和小艺一起进行自我评估，给小艺一个合适的定位和评价，制订合理的奋斗目标。社工和小艺一起分析她的学习成绩能达到什么样的程度，有多少可以提高和进步的空间，目前哪些方面是薄弱环节和哪些方面是优势所在，到高考之前各阶段的目标和最终目标分别是什么。

再次，帮助小艺制订合理的备考计划。如

果只有目标而没有合理的备考计划，学习时间一长，就可能变得焦虑且失落，丧失学习动力。社工建议小艺根据自己的学习基础，结合自己的阶段目标，给自己制定每天要学习的内容，并且合理安排起步期、提升期、高原期、进步期的学习内容，把握各个阶段的学习特点，增强信心。

最后，帮助小艺学习应对情绪。每个人都有精神状态的发展曲线，父母的压力、朋辈的压力等都会影响个人情绪，从而让个人对待学习比较消极。这虽然是正常现象，但也要理性对待，通过心理暗示、目标转移、沟通交流、运动健身等形式纾解情绪，以更好的心态备战高考。

高考是人生的一次重要转折，但并不是唯一的机会。把高考看得太重，忽略了自身存在的价值，往往会给自己过大的压力。学习成绩只是体现了一个人的部分能力，每个人都有自己存在的价值，不能完全以学习成绩来判定一个人的能力。我们只要结合自身的情况制订合理的目标和计划，并为之不懈努力就会有收获。

虽然高考不是人生的唯一机会，但学习却是值得个人坚持一生的习惯。在如今这个知识爆炸、社会飞速发展的时代，最重要的不是你掌握了哪些技能和知识，而是你具备了哪些学习能力。所以，树立学习的意识，培养学习的习惯，是值得我们一生坚持的。

考试压力大，如何缓解？

■ 江慧欣（12355 广州青少年服务台社工）

陈同学（以下简称“小陈”）是一名成绩优异、对自己要求很严格的高二学生，她要求自己每一科成绩都要在班级排名前五。前段时间测验，她有几个科目没有考到理想的成绩。接下来的时间，小陈发愤图强，希望自己在月考时可以考到一个满意的成绩。后天就要月考了，小陈担心自己的成绩会继续下滑，压力很大，难以入眠。

个案分析

社工了解到小陈为了这次月考能考出好成绩，付出了很大的努力。小陈是住宿生，她每天早上五点半就准时起床到操场上背英文，六点半吃过早餐后就在教室做数学题，七点半开始早读，八点开始一天的课程，晚自习结束后在教室背历史和政治知识点，之后再回宿舍洗漱、休息。社工问小陈：“你做了如此多的准备，依然没有把握吗？”小陈的反馈是：“一点把握都没有，还是慌，压力很大”。这种情况可能很多学生都经历过，考试压力过大却不知如何缓解。

成长建议

01 提高自信，相信自己能考好。

考试考的就是心态。不要慌张，相信自己的能力，相信自己的努力能换来好的结果。通过心理暗示法，每天起床默念三遍“我是最棒的，这次月考我一定能考到理想的成绩”，相信自己一定能成功。

02 找到自己喜欢的、有效的放松方式。

回想一下，有什么事能让我们开心。可能是听一首自己喜欢的歌，可能是吃饭堂阿姨煮的某个菜，可能是和朋友一起打羽毛球，也可能是散散步。每个人喜欢的放松方式都不一样，可以多去尝试。值得注意的是，放松要建立在不伤害自己，不伤害别人，不影响环境的前提下，我们可不能把自己的快乐建立在别人的痛苦之上。

03 考前合理安排作息，正确饮食。

我们要保证充足的睡眠，在关键时刻才不会犯浑。曾经有人说过：“考试焦虑是学习用脑过度、睡眠不足引起的。”没有充足的睡眠，何来足够的精力去学习？如果觉得自己平时的睡眠质量不太好，建议远离咖啡因，多喝热牛奶；上床以后不要再玩手机，也不要看书，闭目养神一会儿；睡觉之前使用呼吸减压法，做深呼吸 5 次，排出疲倦，开始尝试入睡。

04 做好充足的准备，不畏惧考试。

考试考的是我们之前学习过的内容，在之前学习的过程中已经掌握得很好，相信考试对我们来说难度并不是很大。我们只需要保持乐观的心态，去面对考试就可以了。

相信每位同学都经历过考试，每一次考试都是我们人生中一个小小的挑战。我们要勇敢相信自己，相信自己有能力去应对不同的考试，去面对人生中不同的挑战。

学霸也苦恼?

■ 吴镕而（12355 广州青少年服务台社工）

周五的晚上，12355 广州青少年服务台电话响起，来电者是一名大一女学生陈同学。电话中她的语气并没有让人感觉到有太多的负面情绪，反而更像是单纯与社工分享自己的大学生活，直至谈到自己的专业学习，她的语气突然就变了：“姐姐，我觉得我的学习压力很大，感觉大学老师的课我都听不懂，班上都是男同学，同学之间基本没有交流，学习上没有人可以帮到我。”随即，哭声便从话筒中传来。社工对她进行了简单的情绪疏导。陈同学紧接着谈起自己目前的困扰：她就读于全国重点大学的物理系，物理是她喜欢和坚定发展的方向，但自读大学以来，她感觉专业课学习的难度很大，甚至超出了自己的想象，很难适应大学的学习氛围和老师的教学方式。由于班级中男女生数量差异大，她只能与其他专业的师姐同住宿舍，因此很多学习方面的问题没有办法请教同学。同时，陈同学感觉自己与部分同学在学业上存在巨大差距，自己很努力但却落后于他人很多，别人上课都能听明白，自己却不能，在专业课的学习上她感到很无力、压力很大。

个案处理

在这个案例中，陈同学的无力感及压力主要源于大学学习模式的适应困难、学业难度，以及与他人在学业研习上的差异。因此，社工先协助陈同学挖掘身边的学习资源、学习同伴，获得朋友、家人等的陪伴和支持，引导陈同学在校园生活中找到乐

趣、学习动力、情感支持，从而调节压力、调整学习方式和掌握寻求帮助的途径。同时，建议陈同学，可以多参与社团活动、实习兼职、志愿服务等实践，丰富校园生活体验；结合自己的综合能力及职业规划，认真考虑是否继续在物理系深造，或是转专业学习；学习欣赏自己，发现自己的优势，接纳自己的不完美，正确看待人与人之间的能力差异，积极地应对生活中的各种挑战。

成长建议

青少年在求学阶段面临的问题主要有自我悦纳、学业压力、朋辈关系及校园生活适应。

在个人层面，青少年需要正确地认识自己，了解自己的优势与不足，学习欣赏和悦纳自我，建立“我”是一个独立独特的个体的认知。每个人都有调节压力、应对压力的能力，适当的压力有助于促进人的进步和发展，因此掌握释放压力、调节压力的方法非常重要。对于青少年而言，简单有效的释放压力、调节压力的方法包括每天坚持运动，保证充足的睡眠时间，适当参与娱乐休闲活动及助人的志愿服务。

在社会层面，朋辈关系是对青少年而言重要且敏感的部分，是当今社会、家长关注的重点，涉及如何建立良好的人际交往模式、如何避免校园欺凌、如何掌握异性交往技巧。家长在协助青少年处理朋辈关系的问题时可把握“自尊自爱，真诚待人”的原则，运用典型案例、自身经验与孩子共同探讨如何处理生活中出现的冲突事件。校园生活适应问题一般出现在升学、转学等过渡期，主要表现为对校园环境、教学方式及人际关系适应不良，出现情绪低落、学习动力下降甚至厌学等情况。此时，家长需要更多地关注青少年适应不良的根本原因，尽快地协助青少年调整心态度过此阶段，避免让孩子长期处于适应不良的状态下，进而产生更多的问题。

高考后竟意外感到空落落？

■ 李佩仪（12355 广州青少年服务台社工）

小西，女，18 岁，高中毕业生，高中期间寄宿，学习刻苦，兴趣广泛，性格开朗，自律性高，乐于助人，热爱团体活动。小西家为三口之家，爸爸白天上班，晚上回家；妈妈工作日都住单位宿舍，只有周末才回家。

高考后，她一个人待在家里，躺在沙发上，室内静悄悄的，只听到小区外工地的施工噪音，突然就忍不住哭了起来。终于熬过“压力山大”的高考，高考成绩也不错，本应该感到轻松愉悦的她，为什么心里却空落落的？小西无法通过自己的努力排解这种不良情绪，于是拨打 12355 热线电话哭着向社工求助。

社工通过与小西的沟通，了解到小西高考前过得非常充实。因为深知高考的重要性，她在学校里把学习的时间排得满满的，偶尔的放松则是跟一群同学踢足球。因为在校有同学一起学习一起玩乐，放假在家忙着完成繁重的学习任务，尽管爸爸妈妈不常陪伴自己，小西也感到很充实。小西是一个兴趣爱好广泛的人。每当学到很累想放弃的时候，她都会承诺自己高考后一定要做某件事，如看一部电视剧、去健身房运动、去画画等鼓励自己坚持下去，从中可看出小西对高考后的轻松生活是充满期待的。然而，高考结束后，她兴致勃勃地打开曾经很想追的电视剧，却感到剧情很无聊，又没有人可以分享此刻的心情；曾经很向往的健身房，她办卡以后去锻炼，只感到很累很难坚持，没想象中的那么让人感到愉悦；尝试画画，她只感到心浮气躁，画不出自己想要的效果。一次又一次的失败体验，让小西感到失望和沮丧。一个人的时候，她的不良情绪就会泛滥。

个案分析

小西所遇到的是高考后的生活不适应。高考前，小西有明确的学习任务和学习计划，有热闹的班集体陪伴，生活是充实的，充满期待的；高考后，远离了集体生活，在家缺乏父母的陪伴和关注，曾经感兴趣的事情因时间过去太久而兴趣淡化，体验不到快乐和轻松。现实与期待存在落差，她感到失望、沮丧和孤单。

成长建议

哭是宣泄负面情绪的一种良好的方式。社工告知小西，社工一直在线，陪伴着她，她可以随心所欲地哭一会儿。小西哭泣了 1 分钟后情绪渐渐地稳定下来了。

小西感到孤单的原因是缺少陪伴，社工建议小西尝试建立新的朋友圈。除了亲人和同学外，小西可以结交其他志同道合的朋友。

因为了解到小西高考前的主要精力都在学习上，缺乏心理素质的磨炼和劳动技能的学习，社工建议小西在学业空闲期，尝试接触社会，锻炼社交技能、劳动技能和抗挫折能力等，促进自己多方面发展，给自己新的生活找到新的努力目标。

由于小西与爸爸妈妈的相处时间较少，与家人的沟通不多，社工建议小西主动与爸爸妈妈沟通，改善家庭沟通模式，挖掘多种沟通途径，将自己遇到的困惑和感受与爸爸妈妈分享，从而得到他们的支持和陪伴。

高考是人生中重要的节点。无论是家长还是学生自己，都将高考视为一座大山，顺利跨过这座大山是学生的重要目标。而当这座大山攻克后，目标突然缺失了，学生难免会感觉空落落。

随着高中旅程的结束，青少年也将进入更加独立的人生阶段，家长们也可以松一口气了，但这并不意味着可以完全放松不管。目前学校的教育模式过于重视智育，忽略德育、体育、美育和劳动技术教育，尚得调整。为了让孩子将来能更好地适应社会，家长在孩子高考后应侧重孩子的素质教育，帮助孩子全面发展，发掘个性。

孩子考试前总是失眠怎么办？

■ 曾会莲（12355 广州青少年服务台在线专家）

王女士是一个全职妈妈，女儿在一所重点中学念书，成绩一直比较好。一直以来，王女士对女儿的学习抓得很紧。女儿从上小学二年级开始，便在一家著名的课外辅导机构学习奥数。女儿小升初那一年，王女士花了近 10 万元请老师给女儿一对一辅导。女儿的一日三餐王女士也都精心准备，把女儿照顾得无微不至。

女儿没有辜负妈妈的付出，学习成绩在重点初中的排名一直也很靠前。但是，她一直有个问题，就是每次考试前两三天她就开始吃不好睡不香，尤其是临考前一天，经常在床上翻来覆去，折腾到两三点才能入睡。

中考前，女儿的这种情况加剧了，她不但失眠，还冒虚汗，不停上厕所。等到中考前一天，她更是折腾到快凌晨 4 点了才入睡。王女士心疼女儿，又担心第二天考试她发挥不好，自己也一夜没睡着。中考结束，女儿回到家大哭了一场，说自己考试紧张，没发挥好，漏做了题目。

虽然最后女儿的成绩还是幸运地达到了重点高中的录取分数线，但相比平时考试的排名，低了一大截。王女士发愁的是，高中还有三年，以女儿这样的心理素质，怎能迎接高中的一场场考试，怎能考好最为重要的高考呢？

个案分析

考前紧张导致失眠，这是非常典型的焦虑性失眠的一个表现。孩子过分紧张，导致情绪处于非常亢奋的状态，很难入睡。

女儿的考前焦虑症，正是由平时的焦虑水平过高造成的。王女士从小对女儿期待过高，付出巨大，导致女儿给自己施加了很大的压力，觉得考不好就对不起妈妈，因此心理负担过重。考试前如此焦虑，反映出孩子的性格偏向于追求完美，同时对自己的学业水平并不是特别自信。

在咨询师看来，适当的紧张和焦虑是有好处的，因为它会引起神经的兴奋，调动起人的全部能量来应对变化，有助于人把事情做好，比如在考场上发挥得更好。

王女士的女儿很明显已经过度焦虑，影响了身体健康和学业水平的发挥。因此，对她的行为进行干预就十分必要。

咨询师建议王女士要引导女儿降低对自己的期待，放下对完美结果的追求，同时让孩子认识到：世界上的很多事物，我们只能控制过程，而很难去控制结果。而我们在意的也应该是过程，而不是结果。比如，就学习来说，最重要的是学习本身，以及学习所带来的求知欲的满足和学习到的知识、能力对我们的价值。所以学习过程中我们要做到全力以赴。但考试这件事，常常会受到一些不确定因素的影响，比如，恰好考到了你平时学习的盲点，或者你不小心理解错题目意思，等等。所以考试的最终结果，我们是很难控制的。既然控制不了，我们又何必要翻来覆去地猜测和担心呢？大考的前一天，我们已经无法学习太多的新知识了，结果又是不可控的，那么，唯一能做的事情就是养精蓄锐，学会轻松上阵。

王女士的女儿由于考试前的习惯性焦虑，导致了身心问题，影响了考试心态。在这种情况下，仅仅是改变认知还不够，王女士应该教会女儿一些放松身心的方法，比如呼吸减压法，通过腹式呼吸来减压心跳频率，让身体放松下来；也可以陪女儿听听舒缓的音乐，静静地冥想几分钟；还可以陪伴女儿，说一些安抚的话语。另外，临近考试的几天，可以让孩子适当增加一些体育锻炼，更容易入睡。

王女士同时要认识到，孩子的这种过高的焦虑水平，和妈妈平时的言行有很大关系。我们常说，婴幼儿是活在当下的，他们不会为未来担心，所以通常很开心。中学生虽然会忧 心前途，但他们也仍然是孩子，正常来说也不会为遥远的未来而担忧，所以考试让孩子如此辗转反侧、寝食难安，肯定和父母对其期待和要求有关。王女士一直这样砸下重金、付出全部的时间和精力去管女儿的学习和生活，很容易给女儿造成巨大的压力和负疚感，女儿担心考不好会让父母伤心失望，甚至受到父母的责骂，所以会翻来覆去睡不着。

咨询师请王女士反思：为什么会对孩子的学习成绩感到特别焦虑？究竟内心真正在意的是分数，还是孩子的身心健康、孩子的长远幸福？

在咨询师的开导下，王女士也意识到，由于自己是全职妈妈，没有自己的事业，注意力全都放在孩子身上，把孩子的成长当成自己的成长，确实对孩子寄予了过多的期待，给孩子造成巨大的压力。她决定不再像过去那样经常要求孩子必须考多少分，考多少名，而是引导孩子做好每天的事情。考试前，王女士也根据咨询师的建议，多跟孩子沟通，让孩子做放松身心的练习。不久，孩子的情况果然好了很多。

成长建议

焦虑是个中性词。一个焦虑水平太低的人，可能会为低焦虑付出代价，比如不够努力、习惯性逃避问题。适度的焦虑能提升神经的兴奋度，使人变得更专注，提升做事的效能，更有助于人取得成功。但是过度焦虑会有反作用，大脑处于高焦虑状态的时候是很耗能的，当所有的能量都用来应对焦虑，睡也睡不好，吃也吃不香，也就没有能量去发挥自己的能力做好事情了。如果孩子长期处于高焦虑状态，家长一定要设法去帮助孩子改变。

中国家长整体的焦虑水平都很高，孩子身上的焦虑感大部分是由家长转嫁过来的，所以问题的症结大多在家长身上。家长应该放弃唯分数论，更关注孩子的身心健康和长远发展，在家庭生活中营造一种轻松的氛围。同时，家长应让孩子明白，无论结果如何，他都是安全的，都会被接纳，也会被爱。

曾会莲

12355 广州青少年服务台在线专家
国际 NLP（神经语言程序学）高级执行师
图书策划出版人

孩子不想上学，如何是好？

■ 邓铭辉（12355 广州青少年服务台社工）

小豪是一名初一学生，但是开学一周后，他就不愿意上学了，并和家人发生了冲突，多次向妈妈哭闹着“我不想上学”。

当时他刚进入某所外国语学校就读初一，但在开学一周后不能适应住宿生活，因此他不愿意上学。父母曾经尝试与学校沟通让小豪不住宿，但是学校不允许。小豪坚持不愿意住宿，因而只能在家休息，学校表示只能批准小豪走读或在家休息一周。小豪及其家人希望社工能介入服务，了解小豪内心想法并协助其调整状态。

个案处理

在首次面谈中，社工了解到小豪目前与父母、奶奶一同居住，小学在家附近的学校就读，因此从未尝试过住宿生活。而目前就读的学校是寄宿学校，他感觉难以融入群体当中。他曾经努力加强与其他同学的互动，但无果，加上与其他同学在成绩上有一定的差距，他对于学校学习和生活充满了焦虑，晚上经常无法入睡或易醒，有时候还会躲在洗手间低声哭泣，影响了日常的上课和学习。社工在面谈中为小豪提供了情绪疏导服务，引导其分析内心困扰的原因并与其一同寻求解决办法，在面谈结束时小豪表示愿意明天继续上学，而家人也答应会继续与学校沟通住宿问题，若无法协商则安排转学，小豪也同意了该处理办法。

好景不长，在随后一周的上学时间里，小豪只有周二、周三正常上学，另外三天均不愿意上学，而且与家人发生了言语上的冲突。因此社工再次介入服务。在面谈过程中，小豪表示因落后其他同学两周的课导致上课听不懂、不认识同学且难以与他们互动等，加上晚上会对上学的事情感到困扰和焦虑，情绪低落，进而仍然难以入睡，白天更不愿意上学，只想在家补习追上学习进度。社工提供了心理健康量表测试和咨询服务，并针对小豪的部分不合理认知进行纠正，但效果不明显。小豪的父母从社工那儿了解到小豪的情况后，表示一方面会考虑带小豪到三甲医院求助，另一方面会联系补习老师协助小豪制订学习计划和目标，增强其自信心，若小豪依然不愿意上学则考虑休学。

小豪的父母决定让小豪先调整好情绪和生活状态，再引导其规划接下来的学习生活。

成长建议

个人身心发展具有两个高速期，即新生儿时期与青春期。在这两个时期，人的身心发展出现飞跃。而在刚升入初中的阶段，小豪一方面面临着对新学习环境的适应，另一方面也面临着身心的高速发展。因此在该阶段孩子出现厌学逃学、饮食作息不规律、亲子关系恶化等情况时，家长需要及时发现和关注，必要时寻求外界资源介入服务，以帮助孩子正视问题和解决问题。

根据心理社会发展理论，12~18 岁青少年的主要任务是建立一个新的同一感或树立自己在别人眼中的形象，以及找寻自己在社会集体中所占的情感位置，这一阶段主要体现的是自我同一性和角色混乱的冲突。而小豪的情况也发生在该阶段，家长可以从自我认识、自我效能感出发，多与孩子进行沟通交流，帮助孩子度过角色混乱的危机。

考不上重点高中
感到无颜见老师，怎么办？

■ 蒋晓玲（12355 广州青少年服务台在线专家）

电话响起，咨询师接通电话，那头传来一个女生伤心的哭泣声。原来她中考第一场考试没考好，紧张焦虑又委屈，不知该怎么办。

小灵自述，由于考前紧张，无法入睡，翻看了一下手机，被妈妈看到，妈妈批评她考前不安心睡觉，还在刷微信。妈妈的误解让小灵感到很委屈，于是与妈妈发生了争执，哭了好长时间，这样就更睡不着了。第二天考试，她迷迷瞪瞪，以前记得的知识都想不起来了，需要思考时脑子更转不动了，考得很不理想。然而，语文是她的强项，她又是语文课代表，平时老师对她是很看好的。今天早上，她来参加考试时，语文老师还拥抱过她，如果语文考不好必定会影响中考成绩，可能考不上重点高中了，考不上重点高中她就感到无颜见老师，越想越担心，越想越害怕，不知道该怎么办？

个案分析

咨询师先共情小灵的担心和委屈，肯定她勇敢求助的行为，与她分析语文老师对她的印象是长期形成的，老师能够让她做课代表，应该是看到她平时勤奋努力，善于思考，愿意为同学为班级付出，语文成绩比较突出，并不会因为一次考试就改变对她的看法。考完试后，她可以跟老师沟通，争取得到老师的理解。随后，咨询师通过谈话了解小灵与妈妈的关系，让她回顾妈妈对她的关心和照顾，在此过程中，小灵回想起她平时跟妈妈关系是比较好的，妈妈对自己寄予了很高的期望。咨询师继续引导小灵，让小灵明白考前妈妈由于紧张、不够冷静才误解了小灵，小灵由于紧张、焦虑变得敏感，所以母女在这个时候容易发生冲突。咨询师鼓励小灵与妈妈沟通，告诉妈妈自己的感受和想法，争取母女之间互相理解。此外，咨询师还引导小灵认识到，成绩还没出来，结果也许没那么糟，调整好情绪，好好休息，准备好之后的考试，争取考好后面的科目。即使这次没考好，也没关系，学习是自己的事，不是为老师读书，也不是一考定终身，以后的路还很长，只要努力，一定能成功。经过咨询师的分析劝导，小灵反馈自己感觉好了很多，不再那么紧张了。

成长建议

当下，家长们极其注重孩子的学习成绩，特别是在中考、高考这些重要关头，更是紧张、焦躁，有的家长还有工作上的压力，夫妻之间、婆媳之间的矛盾，对孩子的期望过高，担心孩子发挥不正常等等，对孩子的态度变得不冷静，无法细心观察孩子的行为并理解孩子，生怕孩子不够努力，对孩子控制、干预过多，甚至指责批评。

随着孩子慢慢长大进入青春期，他们会认为自己长大了，常常想自立、与成人平等，不再像之前那样顺从父母，甚至公然与父母对抗。如果父母继续强制管理，他们就会设法脱离控制，形成一种叛逆心理，即我们所说的“青春期叛逆”。

因此建议家长了解孩子的这些心理变化，对孩子因势利导。为了孩子能有一个好的心情和状态备考和参加考试，家长应注意调节情绪，保持平和心态。家长与孩子沟通时最好不要带着情绪，如果有些事情让家长烦恼又有沟通的必要时，家长可先做 3~5 个深呼吸，清空自己的负面情绪，平静了再与孩子沟通，并询问一些开放性的问题，如:“今天感觉怎么样？”“有哪些需要跟妈妈交流，或者需要妈妈帮助的？”让孩子感受到家长对他的尊重、理解和信任，适当的鼓励和赞赏对孩子的发展也是有利的。

另外，有的家长过于溺爱孩子，而在家中惯于受宠的孩子是比较脆弱的，经不起挫折和考验。这样的孩子去到学校更渴望得到关注和优待，学习的动力就是得到老师的称赞，只喜欢自己感兴趣的课程，希望得到别人的关注，好像他就是为老师或家长读书。

建议老师和家长注重从小培养孩子正确的世界观、人生观和价值观，让孩子树立一个做任何事情都需要为社会做贡献、为社会谋福祉的观念。一个人只有明白了人生的意义在于奉献，才会发展自己的责任感和独立性，才会勇敢地去面对人生的挫折和困难，才有更大的机会取得成功。

一想到考试就焦虑，怎么办？

■ 吕 丽（12355 广州青少年服务台在线专家）

中考生杨同学，中考目标是进入全省排名第一的高中。但他的成绩在初三上学期出现较大波动，最差时年级排名第 165（成绩最好时排班级第 1 名，年级第 26 名）。他一直坚持努力学习，学习时间为每天早上 5:30 到凌晨 2:00（午休 30 分钟），他希望能冲刺自己的梦想高中，未来可以出国留学。他的梦想高校是哈佛大学。

然而摸底考试成绩下滑 40 多分，他出现心理危机，吃不下、睡不着，特别害怕考试，一想到考试就焦虑，很担心自己还是考差了，会考不上自己心仪的高中。于是，他给自己拟订了两套方案：

1. 坚持自己的梦想高中，搏一搏，赢了，就距离哈佛不远了，输了就一败涂地 .

2. 放弃梦想，报考其他名校，轻轻松松进重点班拿奖学金，再考入其他的 985、211 高校。

他不知道在两个方案中该如何选择。“老师，还有两个月的时间，我静不下心来，怎么办？”

个案处理

我们常说中考拼的不仅是实力，更是考生的心态。考生的知识水平和复习策略源于自身实力，是硬件；复习心态、考场心态和应考策略源于心理状态，是软件。学生想要在中考中发挥自己的最佳水平，就需要二者高度匹配，让实力与心态都达到巅峰状态，考试时下笔如有神助，背的全都考，考的全都会。

杨同学所在城市的中考满分为810分（语文、数学、英语各150分，政治、物理、化学各100分，体育60分）。中考是先填报志愿，再进行考试的，含有运气成分。

之前有其他学校来找他签约重点班。他考虑了很久，不顾父母的反对，拒绝了。杨同学还是放不下自己的梦想，哪怕走这条路的风险与挑战比走另一条路多许多。

如果他的模考成绩在年级排到40名之前，那么他实现梦想的概率就在80%以上；如果他的模考成绩在年级排到40名之后，班主任的建议是选择其他名校，做出最佳决策。他一模考试的总分是714分，排名是年级第69名，比之前的考试进步了近100名。二模也发挥得不错，总分741分，排名是年级第40名。

考试项目	语文	数学	英语	物理	化学	政治	体育	总分	年级排名
一阶	124	126	136	88	88	80	60	702	36
二阶	124	128	143	91	95	77	60	718	26
期末	116	121	141	96	96	81	60	711	100
四阶	119	109	137	88	88	76	60	677	165
一模	129	126	139	89	91	80	60	714	69
二模	128	135	142	88	98	90	60	741	40

杨同学觉得把握大了很多，但也很担心万一中考发挥失常该怎么办。经过和杨同学及其家长的详细沟通，我们评估了他的自信心指标、抗压力水平、考场心态等多个方面的心理应考指标，给出的建议是全力以赴，冲刺梦想。

根据杨同学的个性品质和学习成绩，以及他个人冲刺阶段的备考方案，我们帮助他做了全面的考前及考场的心态提升方案，具体有以下几点建议：

1. 自信心提升。

杨同学的自信心测评是 480 分（总分为 1000 分，如低于 300 分，代表自信心不足或自卑；高于 700 分代表过度自负，会出现偏执、自以为是等；300~700 分属于正常水平）。

我们通过自信心训练帮助他在 6 月份达到了最佳状态（复测自信心指标是 580 分）。自信心训练包括每天睡前做 5 分钟暗示、回想 5 件自己最成功的事情、微笑暗示等，训练连续两个月，直到最后一门考试结束。

2. 聚焦目标训练。

设定他非常想要实现的中考目标为 730~740 分，最终确定全力冲刺 736 分。此外，根据他各个学科的学习能力做了详细的目标分解，如下图：

目标分数	语文	数学	英语	物理	化学	政治	体育	总分
最佳状态	128	138	145	92	92	90	60	745
稳定状态	128	136	142	90	92	88	60	736
保底状态	126	135	142	88	92	88	60	731

如果能在中考现场稳定发挥，杨同学基本可以考到 736 分。这也是我们商定的全力冲刺的目标。而这个目标不会给他增加心理负担和难度，相对而言是比较适合他稳定心态的。

3. 定位优势学科。

明确他的各个学科是属于优势学科（绝对优势学科）、努力学科、弱势学科还是逃避学科，再根据既往考试的经验来调整他的学科复习策略。

比如，英语在每场考试中均高于 135 分，我们称之为绝对优势学科。杨同学的目标是 142~145 分，对他来说比较容易达到。那么英语的复习时间可以适当缩短，把省下来的时间放在他的努力学科语文和逃避学科物理上。

4. 调整单科复习策略。

找出他在复习各个学科时易犯的惯性错误和遇到的疑难知识点，重点突破；明确中考冲刺目标，填鸭式复习最不可取。

5. 重新分配复习时间，提升复习效率，优化复习方案。

中考、高考都属于固定日期的考试，一般来讲，从每年 3 月就开始进入倒计时。所以越到后期冲刺阶段，越不能浪费一分一秒。在弱势和逃避学科上多下功夫、反复背诵、有效刷题、攻克错题才是最佳策略。这需要相对集中、高效、专注的时间，并且需要自律自制才可以做到。

6. 缓解考前焦虑 。

适度的焦虑有助于实力的发挥，过度的焦虑会对考试造成负面的影响。每一年因为过度焦虑造成考生在中考、高考战场上失去 30~120 分。

考生可以采用呼吸放松、冥想、正念减压、肌肉放松、音乐治疗等方式快速缓解考前紧张焦虑，恢复心情平静，以在考场中做到从容不迫，张弛有度。

7. 强化信心。

通过积极暗示的方法，杨同学可以在备考中循序渐进、有计划地高效备考，不受他人负面情绪的影响，相信自己能坚持到最后，相信自己可以发挥出最佳水平。

8. 激发潜能。

要在中考、高考中拿到较高的分数，临场潜能的发挥是关键。潜能得到释放，可以迅速破题，抓住关键条件，头脑里立即匹配到相应的题型、考点和知识点，这个就是应激状态下的超常发挥，可以帮助杨同学冲刺 745 分。

9. 提升成就动机。

想考得好，想考上第一志愿，未来想考上哈佛大学，这种想要成功的动机水平对杨同学非常重要。像杨同学这样目标明确、意志坚定，想要成功、不怕失败的考生，基本都可以在考前两周达到跃跃欲试、越考越兴奋、越来越放松的最佳状态。

10. 考场心态指导。

考前一天的心理疏导、临考前一晚的心理暗示、第一科以及两科考试间的心态调整、第一天晚上的减压放松等都是影响考试现场发挥的重要因素。

本方案也适合高考生采用，或者作为其他重大考试的考试心态指导。

成长建议……

中考、高考是每个人人生路上的第一场、第二场大型预备战役，非常考验人的实力和心态。因此不仅考生需要做考前减压和心态提升指导，家长也需要做舒压辅导。温馨的家庭氛围是考生在考场上正常发挥甚至超常发挥的影响因素之一。

预祝每一位考生都可以全力以赴，冲刺梦想！

为何考上重点班后我反而厌学？

■ 梅淑贞（12355 广州青少年服务台在线专家）

高二上学期，陈同学根据学校与母亲的建议，从标兵班考入重点班。在标兵班，陈同学的成绩一直保持在中上，并没有让父母操心。到重点班后，陈同学的成绩开始有下滑的现象，她会健忘，基本记不住老师在课堂上讲授的内容，成绩越来越差，后来甚至不想回学校，只能休学在家。

父母自述对孩子并没有施加压力，因为孩子一直都很听话，对自己的学习很认真负责，从来没有出现这种情况。陈同学一直强调自己健忘，记不住老师所讲授的内容，不喜欢重点班，不喜欢老师，不喜欢老师的教学方式 。她还表示在自己不懂的时候请教同学，同学基本上都不予 回答。

通过与母亲面谈，社工发现这次考重点班是母亲极力游说孩子去做的。孩子一开始并不想，但经过母亲多次游说，最后还是参加了考试。母亲是一位很自律、对女儿要求很高的女性，无论是对自己的事还是对家人的事都要求做到尽善尽美，经常在孩子面前抱怨孩子的父亲没有用。孩子的父亲是一位自由职业者，经常在家里工作，对孩子的管理比较宽松，但在孩子出现问题后变得焦躁不安。

个案分析

陈同学从小听话，对于父母的安排都言听计从。重点班老师的教学方式与标兵班不一样，在重点班陈同学的成绩没有很大的优势，与同学的相处也不融洽，于是产生了心理落差。因此，陈同学选择屏蔽老师，逃避同学，人生规划处于模糊、矛盾的状态，自我认同度低。

咨询师将人生规划作为介入点，让陈同学在休学期间保持学习状态，并协助其找到适合自己的学习方法，重新确立目标，为复学做准备。

成长建议

埃里克森在心理社会性发展理论中提出，同一性（自我认同）危机出现在个体心理社会性发展的第五阶段（12~18 岁），指青年在寻求自我同一性过程中出现的同一性失败的现象。这主要表现在不清楚或回避考虑个人品质、努力目标、所扮演的角色以及价值观等课题，甚至无法“发现自己”。

青春期阶段的主要危机是角色混乱，其可能会推迟心理成熟的时间。然而，一定程度的同一性危机是很正常的，同一性危机可以解释青少年大多数的无秩序行为及混乱的自我意识。青少年有两个重要特点——小团体意识和无法容忍意见分歧，这也是抵御角色混乱的表现。

心理学家总结出 4 种类型的同一性状态：同一性获得、同一性延缓、同一性混乱、同一性拒斥。

与青少年 4 种同一性状态相关的家庭和个性因素

因素	同一性获得	同一性延缓	同一性混乱	同一性拒斥
家庭	父母鼓励子女的自主性及与老师进行交流；随亲密程度不同会表现出差异	青少年经常陷入与父母权威的斗争中	在子女教育问题上，父母采取放任自流的态度；孩子往往遭到父母拒绝或找不到父母	父母对子女干涉过多；不允许子女表达反对意见
个性	自我发展、道德推理、自我确定、自尊、压力下的执行力以及亲密关系都处于较高水平	很容易焦虑，为成功担忧；自我发展、道德推理和自尊水平很高	好坏参半，自我发展、道德推理、认知复杂性以及自我确定的水平较低；合作能力较差	最高水平的权威主义和刻板思维，服从权威，依赖他人，焦虑水平低

因此，家长在教育孩子的时候需要因其心理发展特点施策。以下有 3 点建议：

1. 培养孩子的自主思考能力，使其懂得思辨。

2. 父母可以给孩子指引，在合情、合理、合法、不影响他人的情况下，可以让孩子最大限度地做自己。

3. 学习模式和方法并不是每个人都有，父母要引导孩子找到适合自己的学习模式和方法。

争破头抢到的名师小提琴培训班，还上吗？

■ 黄文婧（12355 广州青少年服务台社工）

吴女士是一位事业型妈妈，不仅自己事业有为，而且也希望孩子赢在起跑线上。于是在幼儿艺术课程火爆的今天，望子成龙的吴女士排除万难，拜托了许多朋友帮忙，终于为自己 6 岁的儿子报上了热门的小提琴班。

由于工作忙碌，吴女士周六日也不定时加班应酬，因此接送儿子上下课的都是自己的婆婆。这天吴女士下班回到家的时候，婆婆不由分说，上来就告诉吴女士："这个小提琴班我们不上了。"吴女士心中百感交集，感到疑惑，又有点不满——自己这么辛苦为孩子争取到名额，其他家长都争破头想给自己的孩子报上艺术班，为什么婆婆突然就说不上了呢？

原来，吴女士的儿子在上大课的时候总是走神，大家都学完一个小节了，他还在神游。因此吴女士又托朋友找了私人教师，根据乐谱给孩子补课，希望他能跟上大家的学习进度。不料儿子到了私人教师的家里接受一对一教学的时候，依然是神游状态。儿子不仅不服从老师的指令，还在老师家里胡乱跑。

吴女士感到非常无奈，不知道这个培训班，还要不要让孩子上。

个案分析

作为一名成功的职业女性，吴女士的工作量非常大，陪伴孩子的时间也因此变得相对较少。社工建议吴女士平日在家陪伴孩子的时候可以提高亲子互动的质量，比如关闭手机一段时间，专注陪孩子聊天、玩玩具、看一部小电影，尽量将注意力、关爱悉数投放在孩子身上。短期的高质量陪伴比一边陪孩子玩一边处理工作事宜，更让孩子有安全感。

社工发现，吴女士一直在烦恼孩子到底为什么会产生神游这种行为，纠结自己到底要不要放弃这个小提琴班的课程，但是却忽略了很重要的一点——孩子的想法。因此社工建议吴女士可以与孩子做一次简单的交流，询问孩子为什么在课堂上走神、捣乱。如果孩子不愿意说，家长可以将开放式的问题转为封闭式，如“你不认真上课，是因为不喜欢老师吗？是因为不喜欢小提琴吗？”，让孩子用点头或摇头的方式回答，从而获取信息。如果孩子依然不愿意回答，家长可以向孩子表示“妈妈发现你上小提琴课的时候注意力很分散，如果你感到很累，或者有其他想做的事情，可以随时跟妈妈说，妈妈就在这里等你”，以一个开放的心态，鼓励孩子说出心里话，并重视他的需求。

此外，家长要善于发现孩子的进步，关注孩子的想法。如果孩子表示自己想继续上课，却无法集中注意力，家长可以与孩子共同约定：孩子习成一首曲子，可以向妈妈请求吃一顿大餐。家长同时也要关注孩子的小进步，可以适时夸奖他，如“你今天拉这首曲子的时候，节奏把握得很好，妈妈为你感到骄傲”。

成长建议

6 岁的孩子常常以自我为中心，但是由于孩子年龄还小，许多话他可能听过就算了，并不会特别在意。所以当觉察到语言的无力时，有一部分孩子会做出一些反常的行为，比如吴女士的孩子在上一对一小提琴课的时候故意捣乱。这很有可能是孩子想通过自己反常的行为来向大人发出信号，希望引起大人的重视。当孩子出现反常的举动时，如果家长仅仅是制止孩子，告知孩子这是错误的做法，其作用往往微乎其微，因为孩子的需求依然没有得到满足。家长可以告诉孩子这么做是不对的，并且详细解释，让孩子知道这些行为可能会产生不好的后果。同时，家长也要关注孩子内心的诉求，将开放式的问题与封闭式的问题相结合，引导孩子说出自己的想法。

“不能让孩子输在起跑线上”和“无为而治，顺其自然”的育儿观念，令许多家长犹豫，到底要不要为孩子报课外培训班。有的家长认为，孩子还小不懂事，自己先强迫他学习，等以后他长大了会感谢自己的；有的家长则认为，孩子天性不同，有的爱动，有的爱静，自己无须为孩子做太多选择，一切顺其自然。

其实无论是哪种选择，当我们剥去了它华丽的外衣后，都会发现它就是为了孩子。家长不妨在为孩子做选择的同时，多一些关心，多问一问孩子的想法，重视他们童稚的话语中透露的渴望。

◎ 章首语

花季雨季

青春期是花季，是雨季，是绚丽多姿的，是矛盾迷茫的。随着身心逐渐发育、发展成熟，青春期孩子的人际交往圈逐渐从家庭向外部拓展，与朋辈的交往使他们的情感体验愈加丰富、生活更加多彩，仿佛走进一个全新的世界。然而，处于这一阶段的孩子情绪易波动、独立性与依赖性对抗共存。青春期的烦恼如层层迷雾，困住他们前行的脚步。

一些父母将孩子的青春期称为“叛逆期”，正是因为这个阶段的孩子渴望他人把他当成年人对待，给予他充分的尊重和理解。但社会阅历的缺乏和知识经验的不足，使他们在思想上和行为上的表现有时略显幼稚。此时，如果父母没有转换教育方式，亲子冲突很容易产生；如果父母对孩子忽视或放任，孩子出现偏差行为的可能性极大；如果孩子缺乏必要的社会支持，孩子的未来之路也许会荆棘丛生。

只有了解青春期孩子的身心变化特征，父母才会更加愿意接纳孩子的行为与尊重孩子的想法，及时调整与孩子相处的模式。只有充分学习青春期的相关知识，孩子才会勇于悦纳自己，拨开迷雾找到成长的正确方向，学会保护、尊重自己与他人，顺利地过渡到成人阶段。

这一章，我们会接触青春期的人生选择、亲子关系、人际交往、情感困惑、健康教育……让我们通过案例了解青春期不可言说的爱与痛，破解青春密码，与孩子携手走过花季雨季。

第二章

青春困惑与人际交往

没考上大学，我可以干什么？

■ 吴镕而（12355 广州青少年服务台社工）

阿一今年高中毕业，高考成绩公布后他就知道自己没办法考上大学了。“其实，高考前我就做好了出来打工的准备，只是没想到只有高中学历是这么难找工作的。”阿一很直接地在电话里说出了自己面临的困难。在与阿一的交谈中，社工了解到高中成绩一般的他目标一直很清晰，能考上目标大学就升读，没考上就选择工作。只是从找工作开始，阿一就发现自己理想的职业或是有发展前景的职业，都不招录高中毕业生。薪酬可观且对学历要求不高的职业就只有销售，而阿一非常抗拒销售工作，这种情况让他很迷茫，他感觉前路不知如何走下去。

个案处理

对于阿一的择业困惑，社工建议他先在一张纸的左边列出希望从事的职业，并了解从事该职业所需的学历、工作能力及工作经验等方面的要求，再将这些要求写在职业旁边；然后在纸的中间写出目前自己的学历、能力及经验；再在纸的右边写上目前自己能从事的职业；最后从右边的职业中选出自己现在能做的、愿意做的，从左边的职业中选出自己的发展目标，再根据目标制订自己之后的生活学习计划。最终，阿一在自己的职业发展规划图中选出了快递员这一职业及企业翻译员这一发展目标。同时，社工提醒阿一在就业时要关注自己作为劳动者的合法权益，与用人单位签订劳动合同并保障自己依法享受社保待遇；通过正规途径寻求职业，提防“黑中介”“乱收费”的情况。

成长建议

第一，认识职业规划、自我探索。青少年职业规划的基础是青少年的自我探索，认识并了解自己的能力、爱好、兴趣及回报需求（经济及精神）。自我探索可以借助列表的方式梳理自己的情况，也可以通过一些专业的测量分析，了解自己的职业特质。第二，认识社会、认识职业。青少年在日常生活中，要关注社会的发展，了解社会的人才需求，认识社会有哪些职业及其发展前景；家长可以从小陪伴孩子参观各种工作场所、社会职能部门、社会组织，尝试让孩子跟不同行业的从业人员接触，感受工作的社会意义，体验工作带来的个人成就感。第三，积极参与社会实践活动，提升综合能力。通过参与志愿服务、“三下乡”、学校社团活动、兼职等方式，青少年可加深对社会各行各业的了解。同时，在日常学习生活中，青少年需注意掌握电脑办公软件、多媒体设备的使用方法，学习办公室礼仪，增强个人的职场综合能力；参与兼职及就业前，要了解劳动法律法规及劳动者权益，与用人单位签订劳动合同，保障个人的合法权益。

对于青少年的职业选择，家长应尊重孩子的个人意愿。当在专业、职业选择上与孩子的意愿产生分歧时，家长可以先了解孩子选择的原因及他的发展计划，分清家长期望的是否为孩子需要的，建议从“职业无分贵贱”的角度出发，鼓励孩子积极地参加工作，在工作中获得成就感。

你道歉了，我就该原谅你吗？

■ 李佩仪（12355 广州青少年服务台社工）

范范，女，16 岁，高一，住校生，就读于市区一所重点高中；家住农村，家庭经济条件一般，一家四口，有一个弟弟；性格内向，不善言辞。

致电服务台 12355 热线电话时，范范表现胆怯、警惕，不敢回应社工的问候，曾一度沉默。但社工没有放弃，表示理解范范的紧张和害怕，向范范介绍了自己和服务台，并告诉范范通话遵循保密原则，鼓励范范勇敢倾诉。经过社工的耐心引导，范范与社工建立了信任关系，开始向社工倾诉自己的烦恼。

范范告诉社工，她最近很不开心，睡不着觉，学习也无法集中注意力，感觉做什么事都缺乏动力，觉得自己可能出现了心理问题，但又不敢告诉老师和父母，所以尝试拨打 12355 热线电话倾诉烦恼。

在与范范的通话中，社工了解到：范范家里比较贫穷，父母望女成凤，将改善家庭经济条件的重任压在了范范的身上，对范范的期望很高。一直以来，范范都埋头苦学，要求自己以优异的成绩回报父母。如愿考上了理想的高中后，由于离家太远，范范开始了住校生活。家境贫困的她总感觉跟舍友们有点格格不入，直至与舍友小冰发生了一起误会，范范进一步拉远了与舍友们的距离 。那一回，舍友小冰心爱的口红不见了，小冰一口咬定是没有口红的范范偷的。小冰当着众舍友的面，翻范范的衣柜，把衣服都掀了一地，骂范范又丑又穷，妄想偷涂口红变凤凰。由于舍友小冰性格外向，与其他舍友的关系更亲近，所有舍友都站在她那边，对范范冷嘲热讽。范范不善言辞，所有的解释都哽在喉咙里，委屈、悲哀与无助涌上心头，哭着跑出了宿舍。后来，事件在老师的介入之后真相大白，舍友小冰也在老师的要求下向范范道歉了。老师希望息事宁人，建议范范原谅舍友小冰。所有人的目光也都投向了范范，似乎只要范范说一句“没关系”，事情就圆满解决了。范范看着老师殷切的目光，想要努力说一句“没关系”，但不知为何，这 3 个字牢牢地抵住胸口，就是说不出口。最后，老师带着失望的表情走了，舍友小冰瞪着范范说：“我都道歉了，你凭什么不原谅我？”从此，这句质问的话深深地印在范范的脑海里，范范到现在依然无法回答。范范开始失眠，上课注意力不集中，无法面对舍友和老师，她开始一个人吃饭，一个人去上课，一个人发呆，渐渐觉得上学是一件很痛苦的事。同时她的成绩开始下降，她也不敢告诉父母。她一遍遍问自己：“难道我真的是大家说的孤独怪吗？”

个案分析

范范的困扰主要来自不良人际关系带来的心理冲突和孤独感。“原谅”与“不甘心”的趋避心理冲突无法得到调节，使心理状态失衡。范范与他人、与环境之间缺乏沟通和了解，在困境中得不到他人的支持，令自己产生了与世隔绝的感觉，内心充满孤单寂寞。

问题的产生首先在于范范自身的原因。她性格内向、敏感，过于自我保护，不敢与他人沟通，无能力自我调节心理冲突，缓解负面情绪。同时，她所处的环境单一，令她缺乏处理人际冲突的能力和缺少心理抗挫折能力的培养。

其次是家庭原因。父母对范范的学习期望过高，给予范范很大的压力。而且父母只关注范范的学习，缺乏对范范的人际交往技能、心理素质等其他方面的教育，导致范范的成长发展不全面。父母缺乏与范范沟通，不了解范范的在校生活和所遇到的困境，未能及时给予范范支持和帮助。

最后是学校原因。学校老师从大局的角度考虑，成功地平息了学生间的冲突，但缺少了对范范内心的关注，忽视了范范的敏感和脆弱，未能及时疏导范范的负面情绪。

成长建议

01 分析心理冲突，解开束缚的枷锁。

建议范范列出选择“原谅”与选择“不原谅”的原因，处理内心的趋避心理冲突。原谅舍友小冰的原因有：优秀的传统道德要求我们宽容；和谐的宿舍氛围有利于休息和学习；良好的人际关系有利于人格健全发展。不原谅舍友小冰的原因有：受了伤的心无法仅靠“对不起”而治愈。就数量的维度而言，范范似乎有更多的理由选择“原谅”，但是我们也不能忽视“不原谅”的原因。“对不起”的治愈力终究是不足的，它难以消除范范在事件中产生的深深自卑感与无助感。那怎样才能走出这样的情感困境呢？建议范范尝试跟舍友小冰商量提高补偿的力度，例如：要求舍友小冰请范范吃一个雪糕等。

02 提高人际交往能力，鼓励勇敢回归。

良好的人际关系是个人社会智慧的重要体现。当遇到困难时，良好的人际关系是个人获得帮助的重要资源。鼓励范范勇敢地敞开心扉，开放自我，让别人走进自己的内心世界，获得他人的了解。这样才能避免误会再次发生时，自己得不到他人的信任和帮助，反而受到二次伤害。

03 发现短板，提高心理抗挫能力。

范范由于一心苦读，人际关系技能和心理抗挫能力有所缺失。在今后，范范除了努力学习外，还需要提高自己的沟通能力，学习人际交往的技巧，提高自己的心理素质。

当今社会，学生学习竞争激烈，部分学校、家长过度关注孩子的学习成绩，往往忽略了对孩子的心理素质教育。虽然父母给予范范的关爱能让她感到满足，但由于成长过程中家庭的关注点主要集中在范范的学业方面，范范一直以为成绩好就够了。来到宿舍开展新的集体生活时，她才发现原来与人相处也是一门必修课程。

建议家长充分考虑孩子的心理承受能力和学习能力，将对孩子的期望值调整到一个自己和孩子都可以接受的范围，避免给予孩子过大的学习压力；注意引导孩子劳逸结合，多方面发展，如在兼顾学业的同时发展人际交往技能、心理素质等方面的能力；关注孩子学习成绩的同时，引导孩子多表达，了解孩子的内心想法，及时给予肯定和帮助。

建议学校加强心理健康教育，宣传心理求助渠道，教育学生遇到问题及时向专业人士求助，如拨打 12355 热线电话等；对学生的心理健康水平和心理素质水平进行甄别分类，有针对性地开展教育；发现问题学生时，及时转介心理老师或社工等专业人士跟进。

“早恋”该不该“早练”？

■ 李佩仪（12355 广州青少年服务台社工）

李先生，45 岁，单身父亲，妻子去世多年，有一个 13 岁的女儿。李先生很自豪地表示，自己与女儿关系很好，彼此没有隔阂；女儿在德智体美劳上全面发展，是一名优秀的初中生。但随着女儿初中生活的开展，李先生发现女儿提到异性同学的次数逐渐增多了，最近还常常有一个男生送她回家。李先生怀疑女儿谈恋爱了，当与女儿沟通此事时，女儿也大方地向爸爸承认了这段恋情。李先生担心女儿因早恋而耽误学习，也担心他们会偷吃禁果。为了防患于未然，李先生认为应坚决反对这段早恋，但看到女儿毫无防备地跟自己聊起那位男生，而且会不自觉扬起甜甜的笑容，李先生又担心这种反对会破坏现在难得的和谐亲子关系。李先生烦恼着早恋该支持还是该反对，于是致电 12355 广州青少年服务台咨询。

个案分析

李先生是一位优秀的父亲，中年期的父亲与青春期的孩子能做到亲子关系融洽，是一件不容易的事情。但随着孩子进入不同的人生阶段，亲子关系又会受到不同的挑战，现在李先生面临的是女儿早恋的挑战。李先生目前拥有一个很大的优势——良好的亲子关系。他能通过沟通的方式引导女儿认识早恋和学会自我保护。若李先生没有通过沟通而贸然地反对，可能会激起女儿的逆反心理，破坏来之不易的和谐亲子关系。

李先生的女儿进入青春期，对男生产生好感，是纯属本能的自然的情感活动，这证明了李先生的女儿是正常健康发育的女孩。李先生不应将早恋视为洪水猛兽，而应把握契机，对女儿做好自我保护的性教育。另外，因李先生与女儿性别不同，需要注意性教育的沟通方式。

成长建议

关于早恋的教育不可避免地涉及性，为了避免异性间沟通的尴尬，建议李先生与女儿通过文字交流。沟通的内容包括以下方面：第一，祝贺孩子长大了，肯定女儿的优秀，为女儿被他人喜欢感到高兴；第二，说明人生要经历很多个阶段，到了性发育成熟阶段，激素使异性相互吸引，这种感觉虽然快乐幸福，但也潜藏着风险，提醒女儿要懂得保持分寸和界限，学会自我保护；第三，与女儿探讨什么是恋爱，恋爱与结婚的关系。

少男、少女各自属于不同的性别磁场，异性相吸，这是“磁场效应”，自然规律。长远来看，青少年在“磁场”的引力下自然地进入异性世界，了解异性，接纳异性，尊重异性，并从彼此交往中认识自己，增强自信，这是青少年健康成长的必经之路。家长应引导孩子明确与异性交往的边界，把握交往的尺度，树立正确的情感观，浇灌理性青春之花。

孩子偷钱怎么办？

■ 江慧欣（12355 广州青少年服务台社工）

许女士，离异多年，孤身一人带着 15 岁的儿子小许在广州生活。3 月初，小许的学校发来春游的通知，小许可高兴了，拉着许女士到商场买零食。但不知为何，在商场逛了一圈，小许的兴致越来越低，最后径直回家了，到家以后也不愿意和许女士说任何话，许女士表示难以理解。最让许女士气愤的是，第二天她发现自己的钱包里少了 100 块钱，逼问之下儿子承认了是他偷了钱去买零食。许女士的家境虽然不算富裕，但孩子想要什么她都会竭力去满足，为什么孩子不懂得感恩，还会有偷窃的行为呢？“小时偷针，大时偷金”，许女士觉得很痛苦，同时不知如何正确引导孩子。

个案分析

小许最初兴高采烈地和妈妈逛商场，为何之后却失去了兴致？许女士自述会竭力去满足孩子的需求，为何小许会通过偷窃的方式达到自己采购零食的目的？

通过社工的多次线上回访，小许终于对社工产生了信任，愿意表达出自己的想法。小许告诉社工，班上几乎所有的同学都有零花钱，就他没有。其实他很羡慕大家有可供自己支配的零花钱，可以去买自己喜欢的东西，很自由。但他的压岁钱全由妈妈管理，平时也没有零花钱。在班上，大家总是吃着各种颜色包装的不同口味的薯片等膨化食品，很吸引人，但他从来没有吃过。因为妈妈总告诫他这些零食没有营养，容易上火，不能买也不能吃。同学们总是嘲笑他没见识，既不知道新上市的薯片是什么口味，也不知道新晋作家新写的书叫什么名字。小许知道妈妈是为他着想，但一想到无论做什么事都被妈妈控制着，就觉得压抑得快爆发了。

小许还说，自己很快就要中考了，考完试后同学也将各奔东西，因此大家都十分期待与珍惜最后一次春游。班长提议这次春游可以来一次野餐，每个人带些喜欢的零食一起分享。小许说，之前两次春游，同学们都很开心地吃泡面和其他好吃的，就他在啃面包，每次都没有同学愿意跟他一起玩。这次去春游，他希望可以带些薯片、糖果和同学一起分享。谁知妈妈一口回绝，只允许买小面包，并告诉他如果要买，就自己赚钱买。小许觉得很委屈，很失落，觉得母亲不理解自己。但因为最后一次春游不想再在同学们面前丢脸，只好偷妈妈的钱去满足自己的需要。

成长建议

在这个个案中，社工发现小许曾多次向妈妈说出自己的想法，但妈妈总有各种各样的理由去拒绝，于是小许放弃了唯一可求助的对象，采取自己的方式去满足自己的需求。家长希望孩子好，总有自己的理由和做法，但有时候忽略了孩子内心真正的需求。个案中小许内心的真正需求是自由，是拥有可以自己选择的权利。

如果孩子再次提出要求，家长不妨试一试采取以下的做法：

首先，耐心聆听孩子的心声，引导孩子说出想法。“孩子，为什么你会有这样的想法，你愿意告诉我吗？”

其次，减少批判，积极去回应孩子的需求。“我明白了，原来你是希望和朋友一起分享好吃的零食，你真是个大方的好孩子！看来你很期待这次的春游，是吗？”

再次，给予孩子风险提示。“你希望买些薯片和同学分享，但是妈妈要提醒你，薯片吃多了喉咙可能会痛，你可以接受吗？”

最后，父母可适当放权，尊重孩子的选择。如果孩子告诉你，他愿意接受，那就让他尝试吧。无论是孩子还是家长，都有想要坚持自己的时候，更何况只是吃一包薯片的事呢。

此外，如果孩子提出想要零花钱的想法，家长不要急着反对，可以借此机会培养孩子的消费观。零花钱不一定十分多，可在共同商讨下达成一致意见。商讨过程要让孩子感受到家长尊重他，相信他有能力去合理支配他的零花钱，给予他恰当的选择自由。

事出皆有因，孩子的情绪与他经历的事情有很大关系。当孩子的情绪来临时，家长就需要和孩子沟通，了解孩子的想法。

网恋“男友”消失了？

■ 杨秋坚（12355 广州青少年服务台社工）

小沈，高二学生，与男友在网上相识相爱。两人第一次见面约会后，男友对小沈很体贴，总是会照顾小沈的情绪，还给她送礼物，送小沈回学校。但两三天后，男友不再主动联系小沈，而且也不回复小沈的消息。小沈每天都发消息给男友，但男友都没有回复。小沈害怕被男友欺骗，希望男友能与她说清楚，不知道该怎样定位自己与男友的关系，为此感到迷茫。

个案分析

高中生的生理成长相对快速，但心理发育略显滞后。他们已逐渐形成了自己的人生观和世界观，更想在心理上寻求一位能与自己的心灵产生共鸣的异性朋友。而网络具有的虚拟性和开放性，为人与人之间的感情增添浪漫。他们一旦陷入网恋，就会给自己的生活和学习带来巨大的影响。

青少年虽然独立意识发展很快，但他们对社会的认识仍不全面，在思考问题时常表现出直观和感性。青少年的情感发展还不够稳定，容易从一个极端走向另一个极端，这提示我们对青少年要因势利导，做好疏导工作，从而提高他们认识社会的能力，减少心理问题的产生。

小沈是高中生，内心憧憬爱情，很希望自己能遇到心中的那个人。通过网络接触男性网友后，小沈在他的嘘寒问暖下，认为他对自己很好，且与自己无话不说，让小沈感受到被人照顾和喜爱，认为他就是自己的“男友”，因此两人确定了恋爱关系，并快速见面。两人见面之后，小沈发现自己更加喜欢男友了，希望两人能继续交往，但男友却消失了，再没有回复小沈的信息。仔细分析，小沈这种盲目的网恋是不可取的，而且小沈与其约会见面更加不可取，因为通过网络无法真实了解网络另一头的人。网友见面可能被骗，或者因见网友而陷入困境，进而对自身安全造成威胁。因此，更应对青少年敲响警钟。

成长建议

随着网络的普及，网恋已成为一种司空见惯的现象，由于网恋引起的悲剧也频频见诸报刊、电视等媒体中。网恋现象折射出青少年渴望交友、希望被人理解的心理。但男女交往也需要把握一个度，并学会正确处理对异性的好感。对异性产生好感，渴望亲密交往，是人成长到某一特定时期所产生的自然变化。青春期男女生对情感的诉求，应该引起家长、老师和社会各方面的重视。在互联网时代，几乎每个人都有手机以及通信账号，更多的人愿意在虚拟的网络世界里发泄自己的情绪，寻求心理安慰。但中学生对社会的认识比较浅薄，不理解社会的险恶，更容易受到伤害。

我们要明确的是，尽管正常健康的两性交往对青少年的成长有诸多好处，但青少年也要把握好两性交往的尺度，防止“过”与“不及”。

青春期男女生交往要注意：男生要理解女生一般的心理特点，要主动关心帮助女生，要有保护女生的意识，要自觉抵制黄色诱惑，要有道德规范自制能力; 女生要注意举止端庄得体，要理智应对异性的爱慕和追求，要拒绝任何物质的引诱，要识别抵制异性的异常举动，要分辨适宜和不适宜学生的社会活动场所。

看到男老师会心跳加速，我怎么了？

■ 吴镕而（12355 广州青少年服务台社工）

“你好！我觉得我生病了，我不知道该怎么办，我很害怕！”哭泣声从话筒的另外一边传过来。一阵哭泣后，来电的女孩跟社工诉说了她现在的困境：“我是一名初二的学生，学校新来了一名教物理的男老师，长得很帅气，上课的时候我会忍不住看他，总会心跳加速，无法集中精神上课。我知道这是不对的，但是我控制不了自己，我该怎么办？”

个案分析

耐心地倾听了小宜的困扰，社工了解到这件事情已经在小宜的心里压抑了一个多月，她不敢跟同学说，怕被同学耻笑；也不敢与家长、老师说，怕被责骂。由于上课无法集中精神听课，她最近一个月的物理成绩下降了许多，班主任也因此与她谈过话。小宜一个多月以来压抑的情绪在与社工的交流中得到了有效疏导，情绪平复后的小宜开始关注自己出现这个问题的原因和解决途径。社工告诉小宜：踏入青春期后，随着生理发育及性激素的变化，青少年会对异性产生好奇或好感，这是一种青春期的心理现象，并不是因为生病或心理问题，不必过分担忧。随后，社工也与小宜一起讨论了如何能够让她调控好这种心理变化，不影响自己的学习和生活。首先，社工建议小宜接纳自己青春期的转变，并建立自己可以顺利度过这个时期的信心；其次，对于上课无法集中精神的问题，社工建议小宜在课前先预习课堂内容，并在物理课前 5 分钟给自己心理暗示：要将注意力集中在预习中发现的未能掌握的知识点上，如果在课堂上注意力开始转移，可以做几次深呼吸，重新给自己心理暗示并鼓励自己；再次，建议小宜每天回家后，抽一些时间写日记记录自己当天的学习生活中的点滴、进步和变化；最后，社工鼓励小宜可以把这段时间经历的一些情绪或者变化告诉父母，相信父母是能理解她的，当她的情绪情感能传达给亲近的人并且得到支持时，她就能更好地迎接这些来自青春的挑战。

成长建议

青少年青春期的心理活动具有矛盾性：由于生理上的成熟，青少年在心理上产生了发育成熟的情感体验，认为自己已经是成年人。但实际上，他们的心理发展相对缓慢，他们的认知水平、思维方式和社会经验都处于半成熟状态，于是就出现了自己所认为的心理发展水平与现实的心理发展水平之间的矛盾。同时，在小宜的案例中也能看出，青春期心理的另外一个矛盾点是心理的闭锁性与渴望被理解。成人感使他们的独立意识变得强烈，他们要求在精神生活方面摆脱成年人，特别是父母的羁绊，希望有自己独立自主的决定权。他们往往会将自己的内心世界封闭起来，不向外袒露。另外，这时的他们认为成年人不理解他们，并对成年人产生不满和不信任，增加其封闭的程度。但是，与此同时，青少年的诸多苦恼又使他们倍感孤独寂寞，他们很希望与他人交流、沟通，并得到他人的理解。恰恰由于青少年心理的矛盾性，家长需要帮助孩子学习接纳自己的变化，了解孩子变化的原因及成长的需要，合理疏导孩子的情绪情感，给予他们信心和鼓励。对于孩子情绪、行为的变化，家长要积极地与孩子沟通交流，让孩子在有需要、有困难、有矛盾的时候懂得主动寻找家庭的帮助和支持，顺利度过此阶段。

该如何做有关性行为的正确决定？

■ 邓颖思（12355 广州青少年服务台社工）

阿琪拨通 12355 热线电话求助。她说她是某职校一年级的学生，和所有步入青春期的少女一样，对爱情充满期待。有一次，在同学聚会上，阿琪认识了一个比她大四岁的社会人员阿聪。在阿聪的猛烈追求下，阿琪开始了美好的初恋。一个月后，阿聪突然提出想跟她发生性行为，阿琪感到不知所措。对于阿琪来说，发生性行为有很多的未知，且她觉得和阿聪的感情还没达到能发生性行为的程度。因此，阿琪的内心十分忐忑、犹豫。她也尝试过直接拒绝阿聪，但是拒绝的次数多了，阿聪便会说她不爱他，责怪她很自私，只顾自己的感受，两人也因此经常吵架。渐渐地，阿琪也开始自责和质疑自己，她不知道该怎么做。

个案分析

青少年步入青春期后，在性激素的作用下，性情感逐渐发育，心理上表现为关注异性、对异性感到好奇、对异性产生好感、渴望体验爱情等，这些都是青春期的正常心理变化。作为家长，应当为孩子的性情感发育而感到欣慰。

试想一下，如果正处于性发育阶段的青少年对异性不感兴趣、不思交往，这势必会对他们日后的恋爱择偶，甚至步入婚姻产生影响。因此，家长应该鼓励和引导他们在此阶段善于与异性朋友交往，但在与异性交往过程中要注意尺度和底线，提高自我保护的意识，学会自我保护的方法。

个案中的阿琪，正是情窦初开的年龄，也正在体验初恋的美好，对于比她大四岁的男朋友突然提出的发生性行为要求，阿琪内心充满着忐忑与不安，一方面对性充满好奇，另一方面她并没有做好发生性行为的身心准备。社工建议阿琪要深思熟虑，在身心都还没有做好准备时，不要因为男朋友施加压力而发生性行为，每个人都有选择接受和拒绝的权利。同时，社工引导阿琪明白爱是相互尊重、相互接纳，爱一个人就不会去强迫对方做不愿意做的事情。此外，社工建议阿琪多学习《中华人民共和国未成年人保护法》及《中华人民共和国刑法》的相关条例，加强自我保护意识。

通过电访咨询与面谈咨询，阿琪不再迷茫，清晰了下一步应该如何处理与阿聪的关系，并梳理了内心最真实的想法：爱一个人便会尊重和接纳对方，不会勉强对方做不想做的事情；拒绝性行为并没有错，也不是自私的表现，在面对性行为的抉择时，每个人都有选择接受和拒绝的权利。阿琪学会了如何去做对自己、对他人都负责的有关性行为的决定。

成长建议

在遇到是否男友发生性行为的烦恼时，阿琪能及时拨打 12355 热线电话求助，从而及时解惑。但是，在 12355 热线电话接收的大量个案中，存在一部分青少年迫于另一半的压力而与对方发生性行为的情况。因此，性教育在青春期的每个阶段都十分重要。在不同的阶段，性教育也应该根据人的身心发展特点有所侧重、有所区别。

正确的性行为应该是对彼此都负责任的性行为，而负责任的性行为应该是两个真心相爱、身心成熟的人在平等、自愿情况下有保护措施的性行为，并且双方都能对性行为可能产生的后果有所准备和对自己与对方负责。什么时候发生性行为是个人的选择，每个人都有选择接受和拒绝的权利，不要迫于性伴侣或同伴的压力而盲目地发生性行为。在做决定前，每个人必须深思熟虑，明白性行为带来的后果和应负的责任，做出理智的决定。

如果在深思熟虑后决定发生性行为，每个人都必须确保性行为是安全的、有保护措施的。而在发生性行为的过程中正确使用质量合格的安全套，不仅能够有效预防意外怀孕，还能够预防各种可通过性行为传播的传染病，例如艾滋病、性病、肝炎等。

法条链接

《中华人民共和国刑法》

第 236 条 以暴力、胁迫或者其他手段强奸妇女的，处三年以上十年以下有期徒刑。

奸淫不满十四周岁的幼女的，以强奸论，从重处罚。

强奸妇女、奸淫幼女，有下列情形之一的，处十年以上有期徒刑、无期徒刑或者死刑：

（一）强奸妇女、奸淫幼女情节恶劣的；

（二）强奸妇女、奸淫幼女多人的；

（三）在公共场所当众强奸妇女的；

（四）二人以上轮奸的；

（五）致使被害人重伤、死亡或者造成其他严重后果的。

第 237 条 以暴力、胁迫或者其他方法强制猥亵他人或者侮辱妇女的，处五年以下有期徒刑或者拘役。

聚众或者在公共场所当众犯前款罪的，或者有其他恶劣情节的，处五年以上有期徒刑。

猥亵儿童的，依照前两款的规定从重处罚。

HIV 离学生群体遥远吗？

■ 邓颖思（12355 广州青少年服务台社工）

经过 10 多年的寒窗苦读，阿军（男）终于考上了理想的大学。进入大学的阿军，就像挣脱枷锁的飞鸟，进入了一个没人管的“游乐场”，远离家乡，没有了家长的监管，一下子得到了自由。阿军描述自己过的是“10 多年寒窗苦读，大学一朝解放”的放纵生活。

阿军晚上经常和舍友、师兄，甚至是其他学校的哥们儿流连网吧、KTV（配有卡拉 OK 和电视设备的包间）等场所。在大一上学期末，几个舍友建议考试前减减压，于是他们约上几个哥们儿去网吧打游戏、到 KTV 唱 K。在相互介绍下，他们还认识了两个校外的同性朋友。那天晚上，大家玩得很兴奋，喝了很多酒，阿军和刚认识的一个同性朋友在没有使用安全套的情况下发生了性行为。

过了 4 天，阿军越想越害怕，开始担心自己会得某些传染病，并向 12355 广州青少年服务台咨询与同性朋友不使用安全套发生性行为会有什么后果。

个案分析

部分大学生抱着“10 多年寒窗苦读，大学一朝解放”的心态，一上大学便迷失了方向、迷失了自我，在大学校园内过着放纵的生活，被压抑已久的性需求在大学阶段得到迅速释放。在性观念和性行为开放、缺乏安全行为意识和预防疾病知识等因素影响下，HIV（艾滋病病毒）正在学生群体中蔓延，并呈现出逐年增长的趋势。针对这一问题，家长要多关心、了解孩子在学校的生活、学习、人际交往等情况，多向孩子灌输自我保护知识，建立良好的亲子关系，从家庭教育层面做到提前预防介入。

社工先对阿军的恐慌情绪进行疏

导，向阿军详细地介绍了 HIV 的知识，包括传播途径及传播需具备的 3 个条件，尤其是在未确定同性朋友是否为 HIV 感染者的情况下不必过分担心，同时也向阿军说明了发生高危性行为有感染 HIV 的风险，需要进行 HIV 抗体检测才能了解是否感染。由于距离发生高危性行为只有 4 天时间，正处于窗口期，现在阿军去做 HIV 抗体检测也不能真实反映他的感染情况。社工建议阿军到当地疾控部门向医生做进一步专业咨询。

幸运的是，阿军最终的 HIV 抗体检测结果是阴性。社工的一路陪伴和指引，使阿军从惶恐的阴霾中走了出来，他深刻认识到高危性行为有可能使人付出沉重代价。同时，他开始珍惜时光，珍惜大学的学习生活、珍惜身体的健康。

成长建议

近年来，艾滋病校园疫情呈现持续增长的态势，主要以男男同性性传播为主。艾滋病校园疫情持续增长，主要有以下几方面的原因：第一，性观念、性态度、性行为开放。青少年尤其是到了大学阶段，被压抑的性需求、性好奇迅速被释放出来；第二，缺乏安全性行为意识、预防性病的知识。由于部分青少年缺乏安全性行为意识及预防性病的知识，在发生性行为时没有意识到要使用安全套，甚至很多青少年只知道安全套是用来避孕的，不知道安全套可以预防各种性传播疾病。同时，部分青少年在发生高危性行为后没有风险意识，没有进行 HIV 抗体检测；第三，男男同性性行为活跃。由于预防性病知识的缺乏，男男同性之间没有避孕的需要，大多不会使用安全套进行性行为，导致“男男”性行为者成为大学生 HIV 感染的高危群体。

HIV 的传播途径有 3 个，包括母婴传播、血液传播和性传播，其中性传播是最主要的传播途径。因此有效预防艾滋病的方法是审慎做出性行为的决定并做到每次性行为全程正确使用质量合格的安全套。

艾滋病是一种慢性进展性传染病。一个人感染 HIV 后，在长达 8~10 年的潜伏期里，除小部分人会出现淋巴结肿大外，一般不会有临床症状，就算在发病期有发热、咳嗽、反复腹泻等机会性感染的症状和体征，但由于这些症状和体征并不是艾滋病所特有的，所以很容易导致漏诊和误诊。艾滋病必须通过抽血检测 HIV 抗体才能确定。当一个人有发生多性伴、商业性行为、男男同性性行为、静脉吸毒、吸食新型毒品等高危行为时，或者如果怀疑自己可能感染了 HIV 时，最明智的选择就是主动接受 HIV 抗体检测，早发现早治疗，不要抱有讳疾忌医的心理，以免由于延迟发现而失去治疗的良好时机，给身体带来更严重的伤害和加大医疗费用负担，甚至失去救治的机会并失去生命。当一个人经常有危险性行为时，还应做到定期检测。检测不仅是关心自己的方式，也是对性伴侣负责的一种表现。

我国艾滋病防治“四免一关怀”政策规定，为有需要的人提供自愿咨询检测及免费的抗病毒治疗。

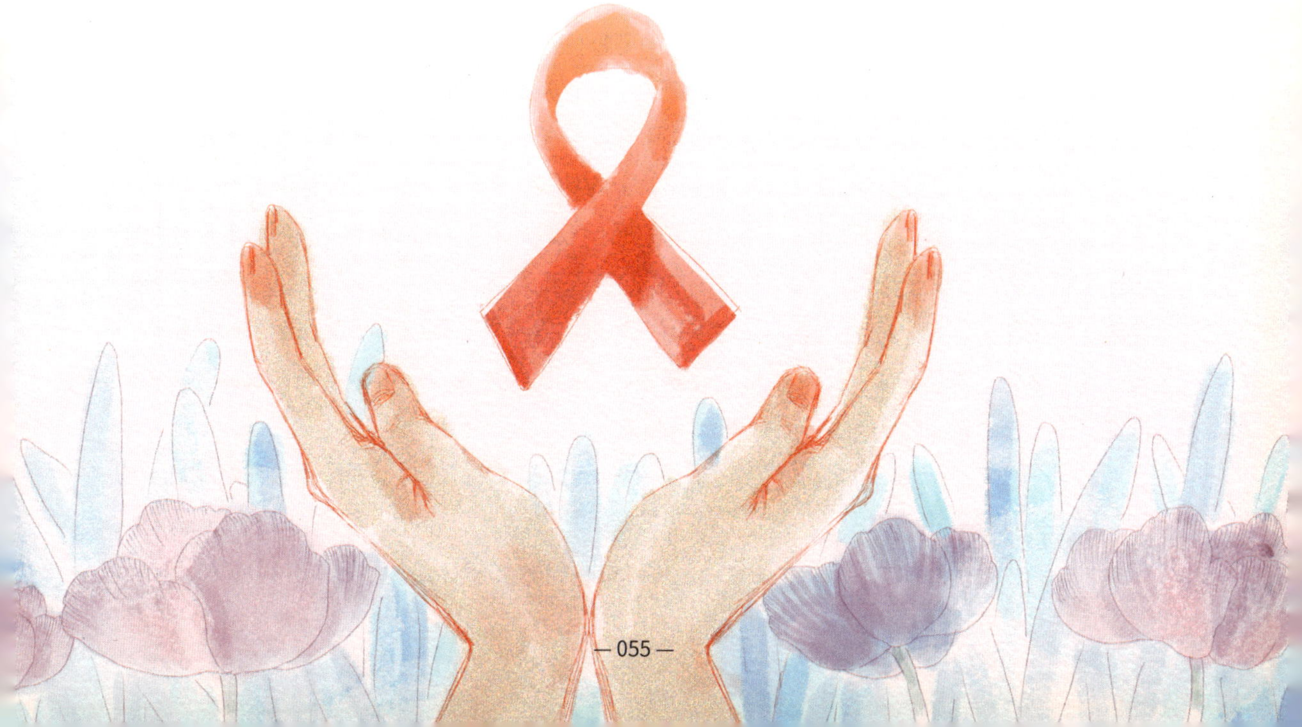

是手机让儿子判若两人？

■ 张 燕（12355 广州青少年服务台社工）

孙女士忧心忡忡地说自己 17 岁的儿子小刚最近因为玩手机患上了严重的焦虑症。“自从上个月我给儿子买了手机，他整个人都变了，完全变了！以前他很听话，学习成绩也很好。最近他脾气有点大，我们商量好如果给他买手机，他就调整好自己的情绪状态，谁知……”说起买手机，孙女士无比后悔，“他完全没有遵守约定，给他买了手机就整天玩游戏，晚上不知道玩到多晚，第二天起不来，老师反映他回学校就趴在桌子上睡觉。”孙女士担心儿子沉迷手机，放假期间要求晚上没收手机，这引起了儿子的强烈对抗。儿子像一头愤怒的野兽，摔碎了杯子和碗，和父母大声争吵、动手抢夺手机，甚至扬言不给手机就跳楼。一部手机引发了如此紧张的家庭关系。孙女士最近总感到心急心慌、浑身冒冷汗、难以入眠。“如果时间能回到一个月前，我不给儿子买手机该多好。”

小刚的父亲表示妻子为小刚付出了很多，他自己工作忙，基本上都是妻子在照顾儿子的生活，直到现在儿子上高中了，妻子还每天接送。小时候儿子很听话，小刚的父亲不明白儿子为什么长大后脾气也大了，不仅不感恩父母，还抱怨什么都要听父母的，按父母的意愿行事。

个案分析

孙女士的焦虑通过电话线传递出来，一连串的话语显示出她与丈夫的束手无策。只因为一部手机，短短一个月时间，小刚便从一个好孩子、好学生变成令父母焦虑的“网瘾”“暴躁”“问题”少年。

小刚的父亲一开始就迫切地想知道，原本听话的孩子为什么脾气会突然变得如此暴躁，怎样才能让儿子不沉迷游戏，乖乖交出手机。当他在社工的引导下说起小刚的童年，他才渐渐意识到，小刚的成长几乎都是由妈妈陪伴的，而妻子的管教非常严格，为了教育好儿子，妻子选择了做一名全职妈妈，把所有的心血都花在了儿子身上。这对小刚来说很压抑，对妻子来说压力可能更大，妻子的自责让她一步步走向焦虑。

社工提醒小刚的父亲：“在买手机之前小刚的脾气变大，其实是在向你们求助。他抱怨一切都要听从父母的安排，正是内心想要成长，想要独立的呐喊。”17 岁的准成年人一直在父母的严格管理之下，当他发现自己越来越有力量，积压了多年的怨气就会喷涌而出。对手机游戏的渴望加上对父母的不满，他没日没夜地玩手机，一来要疯狂满足渴望，二来让父母焦虑，变相报复父母。

小刚的父母此时看到了儿子内心的痛苦，看到儿子真的长大了，决定像对待成年人那样对待儿子。他们决定向心理咨询师求助，解决自己的问题，并且相信儿子的“问题”也会迎刃而解。

成长建议

随着孩子逐渐成长，家长知道为孩子买越来越大的衣服、鞋子，却仍然用对待儿童的方式对待青春期的孩子，怕他们不会搭公交车，怕他们不会洗衣服……在父母眼里，这些比他们还高的孩子仍然是什么都做不好的稚子。

在小刚的父母眼中，这全是手机的错，然而他们一直忽视了这些现象其实是孩子成长的信号。

孩子的极力反抗终于让父母开始反思：小时候管得太严，限制了孩子大多数的娱乐活动，生活管得太细，要求孩子听话……父母究竟要如何做，才能让亲子关系和交流模式回到正轨上来？

家有青春期叛逆的孩子，家长往往很想解决眼前的问题，比如孩子爱顶嘴，让他往东却偏往西，迷游戏、迷明星……家长要透过孩子的这些变化，觉察到孩子要求独立、尊重、信任的需求。此时家长需要学会逐步放手，从护送孩子发展转变至目送孩子走向独立。

孩子进入青春期，家长的角色渐渐向朋友与建议者转变，可以从以下几方面进行调整：

01 学会聆听。

很多青春期的孩子已经不太愿意凡事都与家长分享。家长要尊重孩子，在孩子需要的时候给予倾听、陪伴和建议，并听出孩子话语背后的情绪和需求。当孩子说“别烦我时”，表示他需要的是一定的自由空间；当孩子说“你说过 100 遍了”，表示他真的已经知道了；当孩子说“我偏不”时，表示他心里升起了厌烦的情绪，并且需要时间与空间与自己的情绪相处。

家长要学会与孩子共情，可以说“我理解你的感受”“我理解你为什么那样做”等话语。当孩子说话时，父母保持专注地倾听，不做批判式评价。倾听是沟通最好的语言。

02 放下“指挥棒”。

若父母对孩子习惯了“指挥”，那此时请学会放下“指挥棒”。青春期的孩子对世界有自己的看法，有独立思考的能力，他们不再愿意按父母的意愿行事。让孩子有更多做决定的机会，这是孩子长大成人必不可少的练习。

父母要对孩子有信心，赋予孩子力量，可以说“我相信你能自己做”“我很乐意告诉你如何着手做”，不要让“你怎么又……”“你总是……”这类话语把孩子推远了。

03 平等沟通。

如果此时父母不以平等的姿态与孩子沟通，必然会遭遇孩子的“叛逆”，孩子有很强的“成人感”，渴望得到成人般的信任和尊重。

父母把自己当前的感受诚实地告诉孩子，并告诉他自己十几岁时做过类似的事情。当父母觉察到因为自己的要求造成了孩子的戒备和抗拒时，可采用“你感到……”句式，帮孩子说出他的感受，并且表达歉意，赋予孩子选择权和决定权。

缺爱的孩子易犯罪？

■ 梅淑贞（12355 广州青少年服务台在线专家）

冯林，17 岁，3 岁的时候妈妈再婚，继父带着他比冯林年纪大的儿子与他们一起生活。继父对冯林一开始比较友好，冯林也喜欢与继父聊天，但哥哥会经常欺负冯林，总是叫冯林做各种事情。冯林小学时成绩一般，母亲对他也没太多要求，对他比较宠爱。

冯林上初中时，母亲又生了一个女儿。从此，家人的关注点都放在妹妹身上。冯林觉得受到冷落，经常说有人害自己、有人想杀自己等话语。在初二暑假期间，母亲在未与冯林协商的情况下，把冯林送到一个军事化管理的学校。假期结束后，冯林与家人的关系一落千丈。冯林开始经常借故夜不归宿，经常问母亲拿钱、逃课、文身。为此，继父对冯林的态度越来越差，母亲因为要照顾女儿，没有太多时间管教冯林。

冯林逃学，来到酒吧打工，其间认识了不少社会人士。冯林出手大方，所以朋友们没钱就找冯林借。有一位朋友借钱后没还，冯林刚好手头紧，在追那位朋友还钱时，那位朋友介绍冯林做销售。冯林一开始以为只是卖化妆品，但没想到销售的货物却是大麻。在一次抓捕行动中，冯林被抓捕归案，这时母亲与冯林才意识到事态严重。

个案分析

冯林从小备受宠爱，在妈妈生二胎后，家庭地位明显有所改变。妈妈并不知道冯林过往看似不当的行为，是想获得父母关爱的信号。在家里无法获取爱的时候，冯林选择向外寻求。社会青年善于利用未成年人这种渴望爱与自由的心态，引诱其做一些违法犯罪的事情。

咨询师透过绘画治疗让冯林说出自己对父母的想法，让冯林与父母进行面对面的沟通，协助他们建立良好的沟通机制。咨询师还为冯林的父母提供以下建议：

1. 重组家庭里的孩子都较为敏感，我们需要更多关注与沟通。

2. 在决定生二胎时，要与家庭成员，特别是孩子做好沟通。

3. 合理分配与孩子相处的时间。

4. 给予孩子参与感，让孩子感受到自己是家庭中的一员。

成长建议

孩子在 12~15 岁之间进入第三次叛逆期，这通常伴随着孩子的青春期而来。孩子此时的视野变得更加宽广，见识变得更加高远，他们会发现自己学到的内容和看到的社会现实是不相符的。

这时父母普遍会比较迷茫，因为孩子基本不会再主动提出自己的要求，而是直接去行动。父母通常只有事后才有机会处理，可是为时已晚。在强行镇压下，孩子会有“我的人生不由自己决定”“我的要求必须合理才行”“在现实面前我如此渺小”等感受，孩子会开始抱怨自己受到不公平待遇、受委屈，面对困难望而却步，不愿意主动承担责任。

叛逆期是一个探索期，孩子需要有父母良好的沟通和陪伴，父母应允许孩子提出自己的要求，鼓励他们有更美好的期待。

梅淑贞

12355 广州青少年服务台在线专家
国家二级心理咨询师

◎ 章首语

成为一名觉醒的家长

曾几何时，“让孩子赢在起跑线上”被不少家长奉为圭臬。这种极易引发焦虑的教育观催生的揠苗助长式教育愈演愈烈，带火了各种培训班，也给不少孩子的健康成长埋下隐患。

12355 广州青少年服务台就遇到这样一个青少年群体，他们通过电话控诉和质疑：父母到底是爱他们，还是爱他们的好成绩。在他们的描述中，父母的话语中满是训斥，动不动就使用惩罚来“教训”他们。同时，我们的热线电话也收到不少家长的咨询：他们常常抱怨孩子只爱玩，不爱学习，对家人缺乏最起码的尊重。在他们的眼中，孩子任性、叛逆，有时甚至会对家人动手……在我们看来，他们通常有一个共性——生活在一个亲子沟通不畅、关系不和谐的家庭。那么，究竟是什么影响了亲子关系？作为父母，应该怎样做？

孩子的成长犹如一场马拉松，家庭教育亦如此。如果这场马拉松有起跑线，那必定以父母意识到自己需要与孩子一同学习并成长为起点。马拉松有终点，而家庭教育对孩子的影响贯穿孩子的一生，父母的言传身教至关重要。但是，家庭情况不同，孩子与父母性格各异，适合所有家庭的教育方法并不存在。

因此，我们兼顾重组家庭、多子家庭、单亲家庭等情况，在本章呈现了权威型、放纵型、民主型、忽视型等家庭教育风格的案例。读完本章，如果父母认识到“孩子的问题不单是孩子的问题，而是整个家庭的问题，在履行监护人职责外，愿意成为孩子的伙伴，并且通过学习指引孩子成长”，那么孩子将获得打开终身幸福大门的钥匙。

第三章

亲子关系与家庭教育

阳光少女突变孤僻宅女，怎么办？

■ 王 嘉（12355 广州青少年服务台督导）

姗姗曾是一名成绩优异的高中生，一直是父母的骄傲。去年，姗姗高分考取了名校。然而，一个学期后，姗姗的妈妈孟女士发现她逃学了。一次争吵后，姗姗向家里宣布自己不想上学了，从此便把自己困在房中，大门不出，二门不迈……女儿从阳光少女突变孤僻宅女，孟女士既愤怒又难以置信，并且绝望无助。焦虑的她来到了 12355 广州青少年服务台求助。

个案处理

表面上看，这是一个典型的“学校恐惧症”案例。我与姗姗素未谋面，针对她为什么不愿意上学，性格如何发展为孤僻隐蔽，她的内心经历了怎样的情绪波澜，我期望能寻找到一个介入点，以回应孟女士的问题和诉求。于是我决定和孟女士一起梳理出眼前大家切切实实能做的事。

我们一起订立了现阶段的小目标——尽可能减少姗姗和家人沟通的障碍，尽量帮助姗姗的生活作息恢复正常。一番讨论之后，我给孟女士布置了几项“家庭作业”：

1. 不在姗姗面前频繁提起上学的事情。

2. 不在家中重复说起自己对姗姗的担忧。

3. 每天早上起床后、晚上睡觉前隔着房门轻声对姗姗说“早上好！”“晚安！”。

4. 把每天的菜谱贴在冰箱门或者放在餐桌上；

5. 出门前隔着房门轻声对姗姗说：“妈妈 / 爸爸 / 外婆要出门了，你照顾好自己！”

由于无法真正接触姗姗本人，孟女士便成了催生变化的最重要的媒介与角色。作为母亲，她可以也应该成为姗姗目前最关键的支持对象。我引导孟女士与姗姗重建情感联结，重新激活姗姗的家庭支持系统。

第一周，孟女士和我反馈每天跟姗姗说早安晚安都得不到任何回应，言语间有些气馁。我鼓励孟女士坚持下去，并建议她每天通过微信对话框“打卡”。一天早上，我刚出门便收到了孟女士的语音，不同的是，这一次有两条，除了“打卡”语音外，还有高女士与我分享姗姗的新变化：“姗姗跟我说‘早’！老师，她跟我说‘早’了！”

那一刻，我感觉孟女士的雀跃兴奋几乎要溢出屏幕，也为她的坚持终于催生了微妙的变化感到欣喜。

这一句“早”直接推动了我和孟女士的第二次面谈，我向她详细了解了一家人近期的生活状态，也对她的坚持表达了钦佩。孟女士不好意思地笑了，她轻声说道：“很惭愧，我常想为什么我以前从没这样做过……”那天的面谈，我除了鼓励孟女士把上次的“家庭作业”坚持做好外，还给她增加了 3 项新“作业”：

1. 观察姗姗的行为，找出值得鼓励的地方，写下来，贴在姗姗房门上。

2. 寻找任何可能的机会，让姗姗帮着做一些力所能及的家务，但不强求。

3. 寻找一个合适的时机，和姗姗一起做一件她想做的事。

一开始，孟女士无从下手。于是

我引导孟女士回忆生活细节，让她在“没有什么大的不同”的生活中寻找不同。后来，孟女士提到姗姗夜晚起来洗澡好像比以前小声了。我说，姗姗的这种行为可以鼓励！于是，姗姗的房门上贴上了第一张孟女士写的小字条：“姗姗，妈妈感觉到你这段时间半夜起身更小声了，你是怕影响我们休息吗？谢谢你！没事的，孩子，妈妈爱你！”

从那以后，孟女士写小字条的技巧逐步提升，也一直坚持。终于有一天，我接到孟女士的来电：“老师，你知道吗？原本那些小字条贴的位置不够了，我今早起床看见它们全部被往上移了好几行，一定是姗姗移的，她有在看，一直有看……”孟女士用哽咽的声音兴奋地描述着她的发现。此后，我陆续收到了孟女士的捷报，其中有：姗姗做了一件什么家务，姗姗跟她说了一句什么话，姗姗什么时候和大家一起吃饭了……一项跨越式的突破，则是姗姗答应了孟女士一起做一件事的邀请，用小字条给孟女士留言，说想和妈妈、爸爸、外婆进行一次野炊。

后来孟女士鼓起勇气采用我推荐的关系修复法向姗姗道歉，那天母女俩都哭了。姗姗也跟她说了一些她从不曾留意的往事：原来，在那个流行烧烤、野炊的时期，姗姗也很想和父母来一次野炊，但爸妈好像永远听不见她的诉求。原来，姗姗最不喜欢别人夸自己成绩好，因为她觉得在妈妈的眼中好像只有成绩，没有姗姗；原来，姗姗在逃学前特别恨妈妈，觉得妈妈从不真正关心自己，她想变成“坏孩子”报复妈妈……原来，孩子一直在发出信号，但家长忽略了。幸好孟女士愿意改变自己，这才影响和改变了姗姗。

成长建议

01 自暴自弃？这是孩子在求救。

姗姗这样的个案并非罕见，这些把自己隐蔽起来的青少年，他们都曾经以这样或那样的不良行为（例如姗姗的逃学）发出警报，然而家长们在感受到愤怒、被挑衅的时候往往也忽略了这些警报信号。“自暴自弃”大概是孩子们最歇斯底里的求救方式，他们或许感觉自己一无是处，尝试在用极端的做法向家人发出微弱的求救——再拉我一把！

02 隐蔽在家——我想要归属感、价值感！

家庭，是个体与各社会系统相互联结的“交换器”。当青少年迷失了自我或遭到社会排挤的时候，家庭往往会成为接收他们的关键场所，如果这个时候连家庭都无法容纳他们，他们的人生将步入迷途。如姗姗一样隐蔽的青少年们，他们厌恶的或想抗争的并不是“家”，而是家中的某种沟通模式、权力模式。他们只是想通过让人难以接受的行为来寻找归属感与价值感。因此，家长要做的是看见他们的行为、正视他们的需求、帮助他们找回归属感与价值感。在这一点上，孟女士的信任让我们很感动，而她的坚持更让社工钦佩。许多父母正因为缺乏耐性，或采用打骂，或将孩子直接扔给“专业机构”等极端的方式，堵上了孩子的心灵修复之路。

03 为爱续杯，父母也需要支持！

在这样的个案中，父母也是受害者。他们要承受来自子女种种不良行为的刺激挑战，承受沉重压力，也会彷徨、无助、痛苦。因此，给予父母足够的支援，为他们提供实用的修复关系指引对于推动孩子往良性方向发展尤为重要。毕竟，自身缺“爱”的人又将如何爱人呢？只有当家长的爱之杯被斟满，他们的爱才能溢流到孩子的心中。

如何应对孩子的“十万个为什么”？

■ 李佩仪（12355 广州青少年服务台社工）

儿子在吃刚烤好的面包，问题像风一样吹来：

“妈妈，什么叫面包呀？”

“面包就是用面粉做的一种食物。”

“面粉是什么东西？”

“面粉就是小麦磨成的粉，咱们经常蒸的馒头就是用面粉做的。”

“小麦是什么东西？”

“小麦是一种农作物，长在土里的。”

“为什么要长在土里？”

……

陈妈妈致电 12355 广州青少年服务台，倾诉上述的场景数不胜数，通常答案越多，孩子提出的问题就会越多，每次回答都像是给自己挖了个坑，需要连续不断去填满，以满足孩子强烈的好奇心和求知欲。在没有琐事缠身、心情好、有兴致的时候，她一般非常乐意回答孩子的问题，还能耐心地加以解释；而在心烦意乱、正好有事情缠身、不知道问题答案的时候，她往往很不耐烦，甚至会忍不住粗暴地训斥孩子：“去去去，别烦我！”陈妈妈知道若长期如此，不利于儿子的成长，于是致电咨询如何应对孩子的“十万个为什么”。

个案处理

对于孩子的“十万个为什么”，父母若不回答，会让孩子觉得父母不爱他，产生孤独感，使他错误地认为人和人相处，不想理他就可以不用理他，甚至有可能导致孩子自闭；若随意回答、应付了事，会使孩子觉得不受重视，错误的答案也会误导孩子，降低孩子对父母的信任。所以说，对于孩子的“十万个为什么”，父母不能忽略，不能不回答，也不能随意回答，否则会影响孩子的性格、行为习惯的养成以及心理健康的发展。

当不方便马上回答的时候，父母应该：

1．真诚对话，取得孩子的理解：妈妈刚回家有点累，你先自己想一想，过一会儿妈妈跟你一起找答案。

2．商量问题：妈妈想休息，你想问问题，要不这样，你先问一个问题，过10分钟再问第二个好不好？

3．设置游戏：哎呀，你有这么多问题，咱们玩个游戏吧！游戏规则是想够10个问题一起说，不能一边想一边说，要一次全部说出来哦。

当孩子问的问题父母确实不会的时候，父母应该：

1．坦然承认自己不知道：妈妈先想一想……哎呀，这个问题妈妈不知道，妈妈没有学过。

2．如果当时没时间，把问题记下来：这个问题我怎么没想到呢？你这个问题很棒。妈妈把你的问题记下来，你先想一想答案，妈妈也去查一查，我们一起找出答案好不好？

3．如果当时有时间，一起找答案：妈妈也不知道，要不我们一起去查资料吧。

注意：即使父母知道答案也不要立马告诉孩子，可以给出猜测，然后和孩子一起去验证。

成长建议

每一个孩子眼中的世界都是新奇的，哪怕是路边的一朵小花、水中的一条小鱼，都可以让他们感到好奇。所以孩子的脑海中充满着各种各样的问题。再博学的父母，也不可能回答出孩子的所有问题。对于孩子所提出的问题，父母不必立刻直截了当地回答，可让孩子自己清楚地了解他的问题，并想办法让他发现问题的答案，这才是最重要的。

即便父母把所知道的全告诉孩子，对孩子来说也不见得是件好事，孩子可能会因此失去独立思考的能力。父母应该让孩子在解答问题的过程中，不必过分依赖父母，给孩子留一点探寻的空间，充分激发他们的求知欲；适当放手，让孩子自己动手去解决问题，才是帮助孩子成长最好的方式。

我该拿叛逆期的儿子怎么办？

■ 陈金辉（12355 广州青少年服务台社工）

吴女士今年 40 岁，再婚 10 年未再生育，与前夫育有一个 15 周岁的儿子。儿子今年刚读高一，一直跟随吴女士生活。儿子进入高中之前一家三口相处融洽，儿子也一直很听话，从不让家里操心，并以优异的成绩考入重点中学。但是自从儿子上了高中，一切都变了。首先是儿子早恋，和班上一个女生谈恋爱；然后开始学会骂脏话，脏话常常张口就来；紧接着和家里的关系也越来越糟糕，经常和父母吵架并拒绝和父母讲话。为此，吴女士夫妇伤透了心。她不断地反思：到底是哪个环节出了问题？为什么好好的孩子突然会变成现在这个样子？作为母亲，该拿青春期叛逆的孩子怎么办？于是吴女士致电 12355 广州青少年服务台咨询。

个案分析

青春期是孩子成长发育的必经时期，家长对孩子发生的变化首先要有正确的认识，这并不是孩子变坏的标志，只是正常的生理发育现象。这个时期的孩子无论是思想还是身体都变化迅猛，开始拥有独立意识、自我意识和自尊意识。孩子开始认为自己已经是个大人了，虽然他还是一个并未完全成熟的大人。孩子开始希望按照自己的想法去处理事情，但是父母可能无法理解，没有及时用变化的眼光看待孩子。父母采用传统的权威管制方法应对孩子的变化，这往往是亲子冲突的根源。

处于青春期的孩子，有一些会产生逆反心理，情绪不稳定，也比较容易激动。遇到家长粗暴强硬反对自己的意见或看法的情况，孩子往往会选择更加强硬极端的方法来对抗，从而变得更加叛逆和难以管教，造成亲子关系破裂。

青春期的孩子即使还依恋父母、享受亲子关系带来的快乐，他们仍渴望在心理上跟父母分离，渴望拥有一定的自主权和独立空间，开始独立思考和处理问题。研究表明，即使亲子关系基础稳固，孩子在重要价值观上认同父母，亲子关系紧密，也绝对不要指望青春期的孩子会对父母言听计从，孩子还是会有自己的想法，依旧会逐渐挣脱父母的管控，期望可以独立成长。如果亲子关系不牢固，孩子不认同父母的价值观，就会容易出现叛逆的情况。

成长建议

孩子脾性的改变往往不在于某一瞬间，而是长期的情绪积累，青春期、叛逆期可能只是点燃孩子情绪的敏感期。一个听话的孩子忽然变得处处和父母作对，这其中虽然也有青春期心理和生理微妙变化的原因，但更重要的是：什么导致了孩子的变化，点燃了他的情绪。如果孩子累积了很多没有及时处理和疏导的情绪，就很容易在青春期爆发出来。有些孩子是想要表达自己的意志，有些是想要争取自己的空间，有些是希望获得父母的注意，有些是娇生惯养造成的，有些是家庭关系不和谐造成的，有些是受到外界不良因素诱惑导致的。还有些孩子可能为了做一个听话的好孩子而长期压抑情绪，现在已经到了压不住情绪、不得不把情绪喷涌出来的时候。总之，在叛逆的表象之下，藏着孩子的无助。只有理解孩子，找到问题的根源，才能更有效地解决问题。

孩子的性教育交给专家更好吗?

■ 吴镕而（12355 广州青少年服务台社工）

李先生的儿子星星今年 13 岁，就读初一的星星最近有一些“奇怪”的行为。李先生反映星星会用手机在网上搜索“拍屁股”的相关内容，会躲在房间里拍打自己的臀部，并为此感到兴奋。星星曾因此事与妈妈倾诉，担心自己是否得病，表示对自己的行为感到害怕。李先生带着焦虑致电 12355 广州青少年服务台：“我儿子到底怎么回事？是否需要带他去看看心理科？孩子的性教育问题是不是找医生等专业人士与他谈更好？”

个案分析

社工获悉李先生的困扰后，向李先生了解了关于星星的一些情况：星星目前已经进入了青春期，第二性征开始发育；星星在校暂时没有上过关于青春期的课程；李先生与李太太从未与星星一起探讨过青春期的改变，仅仅是买了几本相关主题的绘本让星星自己看。由星星的情况分析可知，他已经进入了青春期，但没有渠道学习关于青春期的知识；李先生与李太太也没有就这方面给予星星正确的引导，故星星只能通过网络的途径探索与性相关的知识，并从中得到性方面的满足。社工建议

李先生先与星星沟通，了解星星出现奇怪行为的原因及这些奇怪行为所反映的需求，与星星一起分享关于青春期的生理知识，也可以从男性角度出发，与孩子谈谈青春期男孩子的变化，分享自己的成长经历，合理地引导孩子面对青春期的改变及性需要。

成长建议

孩子的性教育是家庭教育的重要环节，性教育应该从孩子性意识萌芽时期开始。孩子到了青春期，需要得到正确的知识及引导以应对生理及心理上的变化。孩子学习性知识最好的途径就是父母的教育，父母两性角色的互补不仅可以全面地告知孩子男性与女性在生理上的差异，更能从社会角色、社会分工等层面让孩子清晰地认识自己的性别角色。家长需要告诉孩子的知识应该包括以下 3 个方面：第一、青春期的生理知识，主要包括身体上出现的生理变化，如第二性征的出现（男孩出现遗精，女孩出现月经）；第二、青春期的心理变化，开始关注自己的外貌及他人的看法，对异性产生好奇，学会尊重男女的差异，正确地处理人际关系；第三、增强法律意识，培养孩子的法律观念，教导他们不做违法违纪的事情，学会对自己的行为负责。

青春期是一个敏感时期，孩子在此阶段自我意识增强，情绪呈现两极化，自尊心增强。在此时期，孩子容易在生活、学习上遇到困惑，容易出现叛逆的行为；家长常常感到孩子突然“变得不听话”“变坏”“学习成绩下降”或“无心学习”等。但良好的家庭教育能让孩子顺利地度过青春期，迈向稳定的青年期。当孩子进入青春期，家长需要更积极地与孩子沟通，了解其行为改变的原因，不要一味地责备孩子和打击孩子的自信心。在这个敏感的阶段，家长可以采用“家庭会议”的方式与孩子订立家庭规则，充分地让孩子表达自己的看法及需求，以平等尊重的态度回应孩子提出的要求。同时，家长可以每天都安排一个固定的时间与孩子好好聊天，建立畅通的沟通渠道，让孩子在有需要、有困难的时候，能在家庭中主动地寻求支持和帮助。

爸爸再婚后不爱我了，怎么办？

■ 黄文婧（12355 广州青少年服务台社工）

“喂，你好，我可以和你说说话吗？”电话那头的女孩，带着哭腔，小心翼翼地询问。“当然可以，你是遇到什么不开心的事了吗？”社工听到女孩的啜泣，在热情回应的同时，夹杂着安抚。

原来，来电的女孩叫木子。木子是一名农村留守儿童，爸爸妈妈离婚之后各自过日子，妈妈带着妹妹回了娘家，爸爸在城市打工，又组建了新家庭，有了儿子。而孤单的木子就交由爷爷奶奶养育。

木子称爸爸只有在过年的时候才会回家看看，平日除了打电话向爸爸讨要生活费之外，木子与爸爸基本没有交流。但是今天木子却接到了爸爸充满责备的电话。原来，木子骑自行车上学的时候自行车突然坏了，她只能推着自行车走到学校，因此迟到了。老师没有问她迟到的原因，而是直接向她的爸爸反映迟到的问题，还说木子最近学习很懈怠。爸爸则打电话给木子，不由分说，先数落她一顿。在整个过程中，木子得不到大家的理解，她觉得爸爸不再爱自己，自己是个没用的孩子。

木子回忆是从什么时候开始觉得爸爸不爱她。原来今年过年的时候，爸爸看到木子时，露出了极度嫌弃的表情，眼神非常凶狠。木子表示自己并没有做错什么，只是自己无论多努力学习，爸爸依然对自己的成绩不满意。木子说，爸爸看自己的眼神就仿佛在看一堆垃圾。

个案处理

被留在老家读书的木子长期得不到父母的关爱，而隔代的鸿沟让爷爷奶奶只能负起生活上照顾的责任，不能够满足她的精神需求。社工引导木子寻找自己身边的好友，木子开心地说她最好的朋友就陪在她身边，这通电话还是她朋友帮忙拨通的。社工为木子有这样一位支持她的好友感到很开心，并表示会和她的朋友一起支持她。

木子作为孩子是弱小的，她虽然不能改变父母的做法，但是可以及时与大人沟通。遭到误解的时候，除了一味认错，顺从父母、老师的意愿外，她还可以勇敢地表达自己的想法，无论最终对方是否理解，她也应关注内心的想法，不需要把所有苦闷的情绪都一个人承受，毕竟把所有闷气咽下去了，事情也并不能解决，反而会把负面情绪深深地埋藏在心里，变成一个定时炸弹。

俗话说“虎毒不食子”，无论父母身在何方，是否开始了新生活，木子都是他们的亲骨肉。在生活或学习上遇到困难的时候，木子通过手机向父母倾诉，社工也希望木子可以多与父母分享生活中的点点滴滴。每个月一通的生活费讨要电话像是天空中的一轮月亮，而木子在通话时与父母分享生活中的点滴，这些分享的电话将慢慢变成繁星，照亮木子的天空。

社工在交流过程中发现木子成绩不错，有机会考上重点高中。只是最近，木子为爸爸又打电话来责备她成绩下降而难过，导致她成绩下滑严重。为此，社工肯定了木子在学习上的努力，鼓励她换个角度看问题，如果爸爸真的把她当成垃圾般的存在，又怎么会在老师“告状”后马上给她打电话责备她呢？责备背后的原因是什么？木子也领悟到，爸爸其实是想通过这种方式来激励她好好学习。最后木子与社工约定，她会尝试多角度看问题，并努力考上重点高中。

成长建议

社工在与木子交流的过程中发现，木子将委屈的事情告诉爷爷奶奶后，爷爷奶奶总是要求她“懂事”“忍让”，随后她便不再与爷爷奶奶诉说。至于木子自身，由于她长期得不到父母关注而产生了一种自卑的心理。别的孩子放学有父母接送，而自己只能懂事地回家帮爷爷奶奶做家务。在这种强烈的对比下，木子觉得父母已经抛弃了自己，她只能靠自己的努力活下去。在这种前提下，爸爸的一个希望她重视学习、提高学习成绩的电话，就触动了木子的神经。木子心中有一种先入为主的错误观念：“爸爸已经不喜欢我了，他打电话来就是为了责备我”，从而忽视了这通电话背后的原因，并认为父亲看不起自己。

因此在与孩子交流的过程中，家长需要唤起同理心，对孩子面对的困难表示理解，照顾孩子的情绪，即便自己无力改变现状，一个拥抱，也足以温暖孩子的“寒冬”。

为什么孩子只听父亲的话?

■ **黄文婧（12355 广州青少年服务台社工）**

陈女士致电 12355 广州青少年服务台，咨询关于儿子的教育问题，比如：孩子为什么做作业总是拖拖拉拉？孩子为什么总是不能集中注意力？

随着咨询的深入，社工发现孩子如果在父亲的监督下做作业，会出现和母亲监督时完全不一样的情况——陈女士的孩子并非别人口中“调皮”“不听话”的孩子，但是别人半小时可以做完的作业，儿子非要做两个小时，前一个半小时都在走神，玩一会儿橡皮擦，扭头看一看客厅，再故意写错几个字涂改，时间便过去了。最后快到睡觉时间，可能孩子也着急了，才开始赶紧写作业。陈女士坦言，孩子仿佛并不在意自己的监督，即便自己常常提醒孩子“不要玩橡皮”“不要 5 分钟喝一次水”，也很努力帮孩子发现作业中的错漏，但效果仍不理想。但是当陈女士的丈夫陪同孩子写作业的时候，孩子走神的次数明显

变少了，注意力也相对集中，虽然做作业的时间比其他同学长，但是至少完成了。

陈女士感到非常奇怪，为什么负责照顾孩子饮食起居的是自己，接送孩子的也是自己，但是孩子却更容易和自己唱反调。反倒是每天工作到只有晚上才有时间陪伴孩子的父亲，仿佛在孩子心中有着更高的地位。

陈女士坦言，丈夫在陪同孩子做作业的时候，曾当着孩子的面和自己说：“你懂什么，我来辅导他作业，你不要过来打扰。”在日常生活中，很少有夫妻共同决定的事情，基本都是丈夫说什么就是什么。

个案处理

实际上，如果父母有不同意见，最好不要在孩子面前呈现，更加不要当着孩子的面争出输赢。由谁主导就让谁完成，不要打岔。如陈女士家里的事务，虽然基本由其丈夫主导决策，但做决定时陈女士夫妇尊重彼此意见，地位平等，就会给孩子做好榜样。

除了夫妻相处模式需要调整外，陈女士在监督孩子做作业的过程中需要改善如下方面：说话少用“不要……”句式，多用“要……”句式。如果家长总是跟孩子说“不要怎么做”，孩子会迷惑，会想：“那我还可以怎么做呢？”“我怎样做才是对的呢？”因此家长要对孩子说“要做的是什么”，否则孩子就会没有前进的方向。孩子如果在成长中不断被否认、被打压，就会没有进步的欲望。

同时，家长要看到孩子的小进步，并给予孩子关注和适当的奖励。如果孩子完成了作业，家长可以称赞他：“你今天靠自己完成了作业，你真的很棒，妈妈为你感到开心。”注意不要说：“你终于做完作业了，妈妈太开心了。”前者是夸孩子，后者是夸做完作业这件事，细微的差异在敏感的孩子眼中会有巨大的差别。值得一提的是，家长不要因为一点小事就随意夸奖孩子，否则夸奖只会成为一个控制孩子的工具。

陈女士对孩子做作业拖拉一事感到很烦恼，但询问孩子原因，孩子只是随意应付说自己不想做。但其实孩子不想做作业的背后有更深层次的原因，因此可以再多问一句：“为什么不想做作业呢？是因为不会做，还是在学校遇到什么事情？”

成长建议

在日常生活中，父亲作为“领导”负责决策，母亲作为“下属”负责执行，再加上有时“领导”不经意地数落“下属”几句，哪怕话不重，这些细节也会在孩子眼里被放大，于是他不由自主地向父亲的思维靠拢，认为母亲是错的，父亲才是对的，甚至跟着父亲一起去说母亲的不是。在这种情况下，当陈女士辅导孩子作业时，孩子便满不在意了，毕竟母亲也并不都是对的。因此在家庭生活中，父母共同决策，相互尊重，有利于孩子建立平衡感。

而陈女士在辅导孩子作业的过程中，总是非常紧张地帮孩子核对一字一句，稍有错误便马上指出，其实此举会将孩子原有的思路打断，更不利于孩子集中注意力。孩子做作业拖拉，更着急的反而是母亲，“欲速则不达”，母亲焦虑的情绪很容易传染给孩子，当孩子带着焦虑的情绪做作业的时候，便更容易出错了。因此，建议父母给予孩子足够的思考空间，有效引导。

我坏吗？

■ 邓铭辉（12355 广州青少年服务台社工）

小珠是一名小学六年级的女学生，但最近出现了抽烟、逃学、自残和早恋等情况，这让母亲罗女士非常担心。她俩还因选择报考哪所中学的事情经常发生语言冲突，亲子关系越来越恶化……

个案处理

3月初，罗女士独自一人来到12355 广州青少年服务台求助，她发现女儿小珠近期结识了一些“校外的朋友”，而临近升学，小珠强烈要求报考附近的一所中学，原因就是那些“校外的朋友”就在这所学校读书。“这所学校学习氛围并不好，她如果在这里学习，以往一些不良行为还可能会恶化啊，而且以她的成绩和特长完全可以报读更好的学校，我坚决反对她这样做！”在讲述自己和女儿的日常关系时，罗女士倍感无助和伤心。社工在向罗女士表达共情与同理的同时，进一步引导罗女士描述自己与女儿的亲子关系。在首次交谈中，社工向罗女士介绍了一些简单的亲子沟通工具，并向她提出希望约见小珠。为更好更快速地建立联系，社工与罗女士进行了多次交流，了解小珠的兴趣爱好。其后，社工结合小珠的兴趣爱好，邀请罗女士和小珠一起观看电影。

看电影当天，罗女士带着女儿小

珠来到了电影院。社工首先带小珠参观了电影院附近的一些青年活动和培训场馆，小珠在参观过程中很活跃，还谈及了自己的兴趣爱好，但社工发现她与母亲的交流相对较少，而且很多时候的交流只是为了应付母亲。在观看完电影后，母亲以去买东西为借口，让小珠留下来与社工进行交流。

在交谈过程中，社工得知小珠的父母早年离婚了，当时她只有 7 岁，后来母亲重新建立了家庭并育有一个 1 岁多的儿子。小珠说自己并不讨厌新的家庭，很照顾自己的弟弟，与亲生父亲也经常见面，关系很好。但在谈及与母亲的矛盾时，小珠说："她太紧张了，有时候过于偏激，例如私下找我的朋友，劝别人不要带坏我。曾经有一次，我与一个朋友闹翻了，她就私下找那个朋友理论，可能认为我被欺负了，好像还动手打了别人一巴掌。"虽然知道母亲是因为关心她才这样做，但她认为母亲这样做很不合适，认为母亲过于干涉她的生活，且母亲不承认做错了，有时候情绪还会比较偏激，这样母女俩的谈话就无法继续了。小珠很坦诚地承认了抽烟、喝酒和早恋等情况，但因为她有哮喘，闻到烟味就会很不舒服，所以当初抽烟只是跟朋友闹着玩，之后都没再抽烟了，只是身上有时候沾有朋友的烟味，从而让母亲误以为她抽烟。虽然小珠平时比较贪玩，但成绩一直在班里靠前，她还有击剑特长，因此家人平时也没有强迫她去报读补习班，她也因此能有更多自由时间去学习乐器和外语等。

社工留意到小珠左手手腕处的伤

痕，便询问她受伤的原因。小珠说是之前与男朋友吵架的时候自己在家用小刀弄伤的，但她并不是想自杀，只是当时不开心而已。社工顺势与小珠聊起了“恋爱”这个话题。小珠说自己有做得不对的地方，比较贪玩，但一定会爱惜自己的身体，也懂得如何保护自己。在交谈过程中，小珠说得最多的是“其实我并不坏”，在她脑海中，自己成绩不差，结交朋友是自己的自由，而且也在慢慢改变朋友的一些不良行为，但是母亲的不信任让她感到不舒服，因此才会故意在日常生活中与母亲作对。

在面谈后，社工与小珠交换了 QQ 号保持与小珠的日常交流。除了了解她的日常学习和生活的情况，社工也抓住生活中的细节引导她理解母亲的做法，以及调整与母亲的相处方式。社工的处理方法被小珠所接受。此外，社工也与罗女士保持联系，与其分享亲子教育的实用方法，引导她调整与小珠的相处方式，促使她在家庭教育和生活中做出改变，改善与小珠的关系。

在一天晚上，小珠将 QQ 签名更换为“失去了，才懂得真珍惜”，这引起了社工的关注，在与罗女士联系后得知小珠与男朋友闹分手。虽然罗女士陪她聊天、听她倾诉了很久，但她的情绪依然低落，罗女士担心她会像以前那样做出伤害自己的行为。社工随即通过 QQ 与小珠联系，她主动说出与男朋友分手的情况，社工借此机会与她讨论了关于恋爱、生活的看法。伴随这次分手，小珠加深了对恋爱的认识，逐渐调整心态，将精力集中到学习和家庭生活中。

经过三方的共同努力，小珠与母亲的交流越来越多，冲突也越来越少。但随着小升初考试临近，母女两人的分歧逐渐增多，罗女士希望小珠能利用击剑特长和目前的成绩报考名校。罗女士希望小珠所报考的学校距离目前的家有一定距离，需要小珠全寄宿学习，这能让小珠离开目前的“狐朋狗友”；而小珠只想报考家附近的学校，一方面自己的朋友都在这边，另一方面不想远离自己的家。小珠多次在 QQ 上与社工倾诉自己的烦恼：“我在这边也能好好学习啊，而且我保证会努力考入重点班的，因为我还想去好的高中，但是妈妈就是不让我报，她认为我会学坏，她根本就是不信任我！其实，我很想好好读书的，但妈妈不信我。”

社工在了解到小珠的烦恼和罗女士的担心后，通过小珠向罗女士发出了邀请。在社工的主持下，罗女士一家人第一次召开了家庭会议，一起商量关于小珠小升初报考的事情。最终，小珠在与家人充分沟通后，凭着自己的努力考入了理想的中学，这个结果是她和家人共同商量决定的，也是她对自己未来道路负责任的选择。而最让社工欣慰的是，小珠与罗女士的关系也得到了改善，母亲、女儿均收获了“成长”。

成长建议

很多青少年的不良行为问题，都源于父母疏于管教或过严管教。小珠的问题属于后者。母亲在小珠的眼里太偏激和太紧张，过度干涉小珠的日常生活和社交圈，对她没有信任感，让小珠感受到很大的压力，她才会故意在日常生活中与母亲作对。也因为对母亲的失望和疏离，小珠才会在六年级就谈起恋爱，追求失去的爱。

当家长给孩子贴上坏孩子的标签，孩子只会表现出更多的不良行为。

家长要做有心人，注意观察孩子的日常行为，关注他们的心理状况，为孩子提供支持和帮助。家长还要改变经常“否定”孩子的语言，进行正向亲子教育。真正了解孩子的想法，是尊重孩子的基础，良好的沟通与充分的信任，是尊重孩子的表现。

怎样将特别的爱，给特别的你？

■ 续 静（12355 广州青少年服务台社工）

李先生有一个 13 岁的女儿和一个 2 岁的儿子。9 月秋季开学后，女儿就要升读初三了。为了让女儿好好释放一下学习压力，李先生和太太计划在女儿暑假期间组织一次全家出游。但从提出这个想法开始，一个多月过去了，女儿一直毫无响应。李先生问女儿有没有想吃的美食，她回答：“随便吃什么”；李先生问女儿有没有想去的地方，她半天不吭一声；再问下去，女儿不耐烦地丢下一句“你们自己去”之后就把房门甩上了。如此这般，几次下来，李先生觉得女儿的性格越来越古怪，更不明白为何他和太太越是关心女儿，女儿越是表现冷漠。

个案分析

李先生的女儿，是否真如李先生所说，是一个对父母的关心无动于衷，不知感恩的人呢？

通过社工的数次回访，李先生的女儿渐渐向社工吐露了心声：自从弟弟出生以后，自己就成了弟弟的附属品。家人的日常交流中少不了“你是姐姐，以后要靠你多照顾弟弟”“你要好好学习，将来给弟弟做榜样”之类的话，就连这次说好的全家出游，父母也是优先考虑适不适合带弟弟前往、要去的地方有没有弟弟能玩的项目等。李先生的女儿自己的想法根本不重要，索性让父母随心所欲地安排。

从少女的倾诉中，社工感受到少女内心的迷惑、失落、委屈、愤怒。李先生的女儿认为自己在父母的心里毫无分量，在家中也没有什么存在感，她在家庭生活中感受到的，是有目的、有附加条件的硬性捆绑。点点滴滴，日积月累，但李先生和太太没有及时察觉女儿的不满，也没有意识到自己的言行已经对女儿造成了伤害。

成长建议

在本案中，社工建议李先生和李太太需主动反思，认识到目前亲子关系中出现的问题，并将亲子关系修复的重点放在以下两个方面：

01 创造条件，让女儿“独享”父母的爱。

在本案中，社工建议李先生和李太太一起与女儿商定一个专属时空。每次的时间不一定要很长，但在这个专属时空里，与女儿共处一室的家长必须暂时完全放下儿子，只专注于女儿的需求。聊天的内容，可以先从坦陈疏忽了女儿的感受开始，鼓励女儿更多地倾诉内心的想法。在这个过程中，家长应该及时进行反思。

02 积极回应，帮助女儿提升自我价值感。

在本案中，李先生的女儿在很长一段时间里感到自己不被家人重视，造成自我价值感低，对自己的评价偏负面，学习积极性偏低，做事缺乏自信。进入青春期后，李先生的女儿正在经历更多关于自我认识的心理冲突。这个时候，李先生和李太太更应该尊重女儿的独立性，并给予她理解、支持和科学引导。

总之，每个孩子都是独立的个体，都有自己作为独立个体的成长发展需求。非独生子女家庭中，厚此薄彼的差别对待不可取，但一式两份的批量式的爱也不是孩子想要的。建议父母充分尊重不同孩子的特点，给孩子一份特别的爱。

姐妹 PK，怎能让姐姐输了人生？

■ 续 静（12355 广州青少年服务台社工）

谢同学是一个性格内向的 14 岁少女，她的双胞胎妹妹活泼开朗，外向大方。亲友对姐妹二人的评价大相径庭。谢同学向朋友倾诉与亲戚相处的压力，却发现平时遇到烦恼就喜欢找自己帮忙的朋友，竟然对自己的求助心不在焉，敷衍应付。

个案分析

谢同学 6 岁以前，一家四口都在母亲的老家生活。跟随父亲来到广州后，谢同学只会用普通话向亲友问好，父亲起初会代为转达，但时间一长、次数一多，父亲也开始数落谢同学太过木讷，不如妹妹聪明伶俐，讨人喜欢。谢同学不愿“破坏”妹妹的快乐，也不愿让母亲担心自己，曾多次向父亲请求降低自己参加亲友聚会的频率，但父亲认为亲友间打听孩子的情况是正常交流，并不理会谢同学的请求。谢同学向好友倾诉，却发现平时遇到烦恼就喜欢找自己帮忙的朋友，竟然对自己的求助心不在焉，敷衍应付。谢同学从小学五年级开始写日记，但最近三四年，谢同学发现自己连写日记的动力也没有了，常常躲在房间里哭泣。

综合谢同学的各项信息，社工初步判断谢同学已有罹患精神疾病的初步征兆，需要征得谢同学监护人的同意，着手安排专业资源介入服务。谢同学的母亲非常重视社工的意见，愿意与社工一起陪同女儿前往专科医院挂号问诊。谢同学最后被确诊为中度抑郁，但所幸的是，谢同学本人的求助意愿比较高，她的母亲也非常积极地陪同女儿进行治疗。

成长建议

亲友在聚会时互相打听孩子的情况，是非常常见的场景。人人都喜欢听“别人家孩子”的故事，但存在就一定是合理的吗？本案显然给出了否定的回答。对孩子的比较、评价、“开开玩笑，打趣一下”确实会给孩子造成伤害。

本案中的谢同学过度在意他人的感受和评价，造成自己精神高度紧张，极度缺乏安全感，即便在同龄群体中，也害怕表现得和别人不同，害怕成为别人眼中的“麻烦”。因此，谢同学在班上常常主动扮演“知心大姐姐”的角色，却极少主动向他人敞开心扉。对谢同学而言，她有同学，但却没有真正的好友。

每一个成年人在自己的成长过程中一定也曾经历过不同的伤痛。那个时候，自己是否也曾渴望父母能理解自己的感受，并希望父母给予自己支持呢？建议父母适当重拾当年的心情，在面对自己的孩子时，更多地倾听孩子的想法，与孩子保持同频共振，让孩子的抑郁情绪得到合理的纾解。

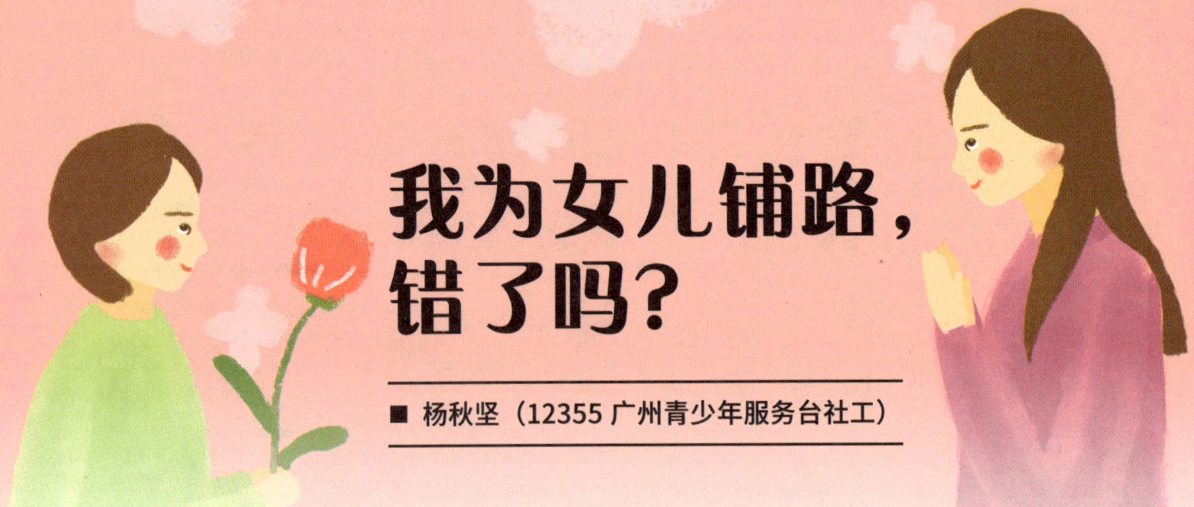

我为女儿铺路，错了吗？

■ 杨秋坚（12355 广州青少年服务台社工）

钟女士说，女儿小艾今年上初三，马上就要参加中考了，但是小艾却沉迷手机，不愿意上学。为了提高女儿的学习成绩，钟女士给女儿报名了辅导班，后来为了不让女儿觉得压力大，她让女儿退出了辅导班。小艾善于交友，现实生活中有很多朋友。此外，小艾在网络上也结交了朋友，但钟女士认为网络不安全，觉得女儿结交的网友都不算好朋友，不希望女儿与他们交谈；她甚至认为女儿学校的朋友也算不上是好朋友，总认为这些朋友会带坏女儿。钟女士认为女儿的朋友应该是父母都认识、都了解清楚的，女儿自己认识的并不能都成为女儿的朋友。

钟女士不希望女儿遇到任何不好的事情，因此总是限制女儿的行动，不让女儿做任何钟女士不认可的事情。

个案分析

根据钟女士的叙述，社工感受到钟女士对小艾的关心以及洞悉了钟女士希望小艾的学习生活能一帆风顺的想法；钟女士也发现了女儿现在不愿意上学，不愿意与父母有更多交流，她希望自己的事情自己做。但钟女士认为自己可以为小艾提供更好的生活条件和环境，小艾按照父母安排的生活轨迹成长和发展，就不会遇到挫折，受到伤害。钟女士这样的想法并不可取。

钟女士过度关注女儿的成长，希望女儿的成长不会受到任何伤害。希望女儿不需要考虑任何事情，只要完成父母交代的事情就可以了。但女儿是否一定要这样做？女儿心里对父母的想法是怎样的？父母是否了解女儿的想法？为什么现在女儿不愿意上学？对此，父母要了解具体发生了什么事情。

同时，钟女士必须考虑到，女儿即将面临中考，且正处于青春期，她应该宽容对待女儿在现阶段遇到的问题，在教育女儿的过程中要适当地引导女儿分辨好坏，培养女儿的辨别能力，而不是直接为女儿做决定。

因此，社工建议钟女士放手让女儿自己

做决定，家长要给予她适当的引导，并尊重她的选择即可。适当的时候，让她离开父母的呵护，让她学会独自去面对一些事情，包括她的交友，学会对自己负责，这样才更有利于女儿的成长。社工希望钟女士尊重女儿的选择，并积极邀请女儿参加家庭会议，创造女儿与父母沟通交流的机会，并设计自己的未来，借此培养女儿规划未来的能力，而不是让女儿按照父母安排好的轨迹去见识父母曾见识过的事情。

成长建议

身为父母，可能有儿时未完成的梦想，但请不要强加在孩子身上，因为他们有权利选择如何度过自己的人生。希望家长给孩子报读的每一个特长班都是因为孩子喜欢，也希望孩子的兴趣和特长能得到家长的支持。家长在孩子的人生道路上只能陪他们走一阵子，那些更宽更远的路，还是要靠孩子自己走。让孩子在合适的时间做合适的事情，所谓揠苗助长的人生，并不值得复制。

父母要时常倾听孩子的心声，合理期待。多数父母只会按照自以为对的思维习惯和方法去教育孩子，他们想把孩子塑造成自己心目中想要的形象，这些父母更关注的是自己的希望和没能在自己身上实现的愿望。父母需要改变观念，降低对子女过高的期望值，要有平和的心态，给孩子减少压力，不要让孩子失去最美好快乐的时光。

同时也应信任孩子，善于发掘其潜质。优势视角认为每个人都有自己解决问题的力量与资源，并具有在困难环境中生存下来的抗逆力。即便是处在困境中备受压迫和折磨的个体，也具有他们自己从来都不曾发掘的与生俱来的潜在优势。案例中，钟女士认为外界的一切事物对女儿的成长都是不利的，只有父母认为是对的、父母给的，才是最好的，也是最正确的。但父母都忽略了小艾自身解决问题的能力，如小艾善于交友，她可以在生活中结交朋友，她完全有自己解决问题的能力，并不需要父母介绍朋友给她认识和结交。

孩子如此恨爸爸，究竟为哪般？

■ 张 燕（12355 广州青少年服务台社工）

小溪是一个初二女生。不知从什么时候起，她觉得爸爸不再爱她，不然为什么爸爸总是对她说出恶毒的话。这天，小溪坐在沙发上整理手机通信录，爸爸进门后二话不说直接收走了小溪的手机，生气地说：“你有这个闲工夫不如去操场跑 5 圈，跑完我再把手机还给你。我是为你好，你看看你的身体，瘦弱得跟只瘟鸡一样！”“跑步不是问题，可是爸爸，你可不可以尊重一下我？”小溪努力让自己平静地与爸爸讲道理。爸爸眉头一皱，声音也大了许多：“你还敢顶嘴？你怎么不去死？这个家是我的，我说什么就是什么……”再往后，小溪听不清爸爸说了什么，她哭着跑了出去，她太熟悉爸爸要说的这些话了，她尝试过太多次与爸爸争辩，得到的只是爸爸更凶狠的怒吼，此刻她只想逃开。

“我恨爸爸！虽然他不经常打我，但是这种语言上的暴力快让我崩溃了，可我又不知道怎样做才能改变。”小溪终于忍不住，边哭边向 12355 广州青少年服务台的社工倾诉内心的痛苦。

个案分析

电话接通的那一瞬间，小溪愤怒地朝电话里喊：“我觉得我爸爸可以去死了！”是什么样的恨让一名少女对自己的父亲说出这样的话？在往后的对话中，社工了解到小溪的爸爸平时就是这样吼女儿的。刚进入青春期的小溪尝试跟爸爸讲道理，可是每一次试图用成年人的方法理性地解决问题时都被爸爸用怒吼、武力驳回。

小溪哭诉：“他总是对我用语言

暴力，不是一年两年了，我不知道这种折磨什么时候到头。”当社工表示理解小溪的伤心和绝望时，小溪哭泣着诉说心里的委屈。

社工随后与小溪的爸爸联系，他认为自己与女儿的关系没有什么大问题：“可能有时候沟通方式比较简单粗暴。”他万万没想到自己无心说出的话竟对女儿造成了如此大的伤害。社工建议小溪爸爸尝试站在女儿的立场感受他曾经说出的话，他沉默了好一会儿。

“她总是以为自己什么都是对的，总是跟我顶嘴。”爸爸无奈地吐露了心声，他与女儿的烦恼竟出奇地相似。

社工告诉小溪的爸爸，小溪正处于青春期，独立意识和成人意识开始觉醒，强烈渴望摆脱束缚，按照自己的想法独立行事。父母在这个阶段也要开始转变沟通方式，需要尊重孩子表达的意愿，讲求说话的艺术，少讲道理，多鼓励，比如上述的手机事件，小溪的爸爸可以尝试把没收手机的举动变为“爸爸相信你能管理好自己的手机”之类的鼓励的话语。小溪的爸爸在电话那头连连称是。

家人互相尊重是家庭和谐的基础，如果家长专制，必将引起孩子的反抗。如果家中再次起争执，不妨采取家庭会议的方式来解决。

成长建议

父母爱孩子，换来的却是孩子的恨，确实让不少父母觉得难以接受，“心寒”是在电话咨询中很多父母曾用到的词语。殊不知，正是父母们爱得不当，让爱变成了孩子的负担，甚至是折磨，孩子才会出现反抗行为。

许多父母和孩子应该都对“我是为你好”这句话不陌生。小溪的父亲一边说着“我是为

你好”，一边用冷暴力践踏和摧毁孩子的自尊。

“你真笨！”同样是很多父母在气急败坏时容易冲口而出的话。不夸张地说，想要毁掉一个孩子很简单，只要经常说“你真笨”就可以做到。孩子的内心世界很微妙，家长一句无心的讽刺或威胁都可能被他放大，无形中影响亲子间的信任和亲密度，进而影响孩子对自己和对世界的认知。

家长为什么要对孩子强迫威逼、讥讽羞辱甚至恶语相向？这是因为很多家长把冷暴力当成了一种教育手段，以此来威慑孩子“听话”。

一名合格的教育者应该是善于控制自己的情绪与舌头的，教育孩子，“怎么说”比“说什么”还要重要。

冷暴力除了表现为语言暴力外，还表现为对孩子有意或无意的漠视和忽视。许多孩子发现爸爸妈妈宁愿看着手机也不愿意多陪他们玩，孩子做错事后家长冷若冰霜的眼神让他们怀疑自己是否值得被爱。

值得注意的是，很多惯于使用冷暴力的家长在童年时期也成长于这样的恶劣环境之中，他们已经在潜移默化之中习得了父母的一些语言和行为模式。这就需要家长在日常生活中保持自我觉察与反思，把教育孩子当成自己二次成长的机会，本着尊重的初心与孩子共同成长。

尊重孩子是一切教育的基础！

孩子为何双拳举向双亲？

■ 陈 星（12355 广州青少年服务台特约专家）

一些父母在教育孩子时，总喜欢一个唱白脸，一个唱红脸，这边打完那边哄。殊不知两种截然不同的教育方式同时施于一个人时，往往会使这个人形成懒惰、依赖性强的个性，甚至出现暴力行为。最近 12355 广州青少年服务台就接到了这样一个案例：由于父亲过于严厉、暴力，母亲过于软弱、溺爱，长期承受两种反向教育的 16 岁独生子小马打骂父母半年有余。

小马，身体健康，微胖，说话时头低垂，声音低沉。小马出生在一个幸福的家庭，母亲是高中教师，父亲是公司主管。母亲非常疼爱孩子，一直当他是手中宝，以致他已经读五年级了，还从未自己动手做过事，甚至吃苹果都要母亲把皮削了再送到手里，导致他比较依赖母亲。小马与父亲的感情较为淡漠，父亲的教养方式简单粗暴，经常打孩子，爱唠叨，音量很高，内容重复较多，这引起了小马对父亲的反感和怨恨。小时候的两次经历让小马至今仍耿耿于怀：一次是父亲与母亲吵架，盛怒的父亲将家里养的一窝小鸡活活摔死；另一次是阿姨送来一只兔子，父亲准备杀掉，母亲劝父亲将兔子灌醉再杀，父亲不听，执意用棍子将兔子打死，小马觉得父亲很残暴。初中时的小马学习成绩优秀，是数学奥赛班的尖子生，但后来接触了电脑游戏，作息时间日夜颠倒，上课不专心，经常睡觉，从此学习成绩迅速下滑。他也不喜欢班主任，对父母、老师和同学均感失望。后来小马的情绪越来越消沉颓废，上网成瘾，父母试图阻止其玩电脑游戏，他竟对父母大打出手，并多次用玻璃瓶砸父亲，让父亲跪下。爸爸问其为何打自己，小马告诉他“因为你不听话”。母亲不甘忍受痛苦，离开孩子回娘家居住。无可奈何之下，父亲带着小马向 12355 广州青少年服务台求助。

专家通过小马在学校、家庭的行为和学习成绩等综合表现，确定小马患有青少年行为障碍，需要进行行为与心理干预，而小马患上青少年行为障碍应归咎于父母的性格与教育方式迥然不同，并且和孩子严重缺乏沟通交流。

小马对父母大打出手看似是由于父母阻止其玩电脑游戏而引起的过激反应，但从中折射出其所遭遇的家庭暴力的隐患和家庭责任感的缺乏。责任感是对自己负责、对生活负责、对别人负责的体现，是一个人个性的重要组成部分。然而小马的父母却忽视了这方面的教育，父亲倾向于用简单暴力的方式解决问题，比较唠叨。小马与父亲的沟通不良也使其产生自我封闭倾向，伴有低落颓废等不良情绪。母亲溺爱小马，和小马缺乏理性的沟通。长期承受这两种反向的教育后，小马最终出现了身心发展障碍。

个案分析

针对小马对父母的打骂，甚至用玻璃瓶砸等暴力行为，专家分析，这与小马早期所受到的有缺陷的亲子教育有关。父母在养育孩子的时候，过度地承担了一些孩子应该做的事情，比如削水

果、收拾屋子等。在过多承担责任的同时，父母自然赋予了自己无上的特权。这样做并不妥当，一方面，父母剥夺了孩子应有的成长锻炼机会；另一方面，父母很容易把孩子当作自己的私有财产来支配（虽然是善意的支配），没有把孩子当作独立的人予以尊重，并理所当然地把自己的价值观强加到孩子身上，因此很容易造成亲子矛盾。于是，父母对孩子进行批评、教训的话越来越多，表扬的话越来越少，甚至动手“镇压”孩子。这样做导致孩子产生逆反心理，最初是和父母顶嘴，继而和父母对骂、对打，严重者甚至患上躁狂症、抑郁症。

成长建议

针对小马的施暴情况，专家认为宜采用“认知领悟”的方法，使家庭中的每个成员能正确认识到自己的责任和义务，从而构建起健康和谐的家庭结构。

首先，父亲应该清楚了解打骂教育是在教孩子使用暴力，会让孩子心中充满恐惧。这丝毫不能帮助孩子树立正确的价值观念，只会让他认为暴力是一种能控制别人的办法。其次，母亲要承担起教育子女的责任，而不是一味地溺爱孩子。另外，夫妻之间应该互相尊重，不宜在孩子面前吵架、相互揭短；父母双方应加强沟通和交流，形成一致的教育态度和方式。小马还应认识到为人子女，尊重父母也是一种应有的礼貌和义务。

陈 星

12355 广州青少年服务台特约专家
二级临床心理师
国家二级心理咨询师

孩子总对父母发脾气，怎么办？

■ 吕 丽（12355 广州青少年服务台在线专家）

吴女士的女儿小敏是独生女，今年就读于某重点学校高一重点班，住宿。吴女士说女儿自从高一入学开始，就变得非常陌生了，在校时也很少和父母联系，而以前经常和父母视频、发微信、打电话，中考前压力很大的时候几乎会一边说一边哭。

老师反馈，小敏在学校的表现一直都很好，与室友的关系也不错，就是成绩波动得厉害，两次大考都下滑了 100 多名。现在周五回到家，她把自己关在房间里，妈妈问她什么都很少回答，要是敲门，她还不耐烦。不管聊什么，一问学习、作业，她马上就冷了脸，转身就回房间，饭也不吃。妈妈说给她送饭，她就大声吼“我不饿，不吃”“不想吃，难吃死了”“烦死了，走开”……还把门锁起来，把妈妈的电话号码拉黑。

有一次，她数学考了 350 多分，妈妈问她，要不要帮忙找个补习老师。这一下像捅了马蜂窝一般，她立刻怒吼道：“谁要你多管闲事？要补习你自己去补……我不用你管！”“砰”的一声，她摔上房门。爸爸想劝劝她，也被轰了出来。那个周末开始冷战，她一句话都不愿意和爸爸妈妈说，要钱也都是发微信。

现在在一张饭桌吃饭，吴女士夫妇都不敢开口说话。因为一说话，小敏就开始发脾气，说饭菜不是她喜欢的，也不知道父母是不是真的爱自己……这半年他们都提心吊胆，怕惹着她。一见她冷着脸，吴女士夫妇就担心说错话了，也不敢大声说话。小敏的爸爸脾气好，都顺着她。可是她还是越来越沉默，越来越自闭。吴女士夫妇不知该怎么办。

个案分析

像小敏这种情况现在很常见，多数是由于孩子处于青春发育期，又长期遭遇学业上的重大压力，再加上自己渴望得到家人、老师和同学的认同和赞美但又多次遭受挫折和打击，这才引发一系列矛盾。父母如果不懂得识别造成孩子困扰的原因、不会处理亲子关系，就会导致孩子的问题越来越严重。

大多数孩子面对各种问题或危机，又无法应对时，就选择逃避。

逃避谁呢？逃避父母和老师。

逃避什么呢？逃避父母和老师的约谈与训话，逃避补习，逃避压力，逃避考试，逃避现实。同时因小伙伴越考越好自己无颜以对而选择自我逃避，慢慢开始放弃了自我。

除了父母提供的信息，我还需要了解小敏自己的想法以及困惑。毕竟父母说的内容都是站在家长的角度，也许不够客观。

第一次咨询时小敏沉默着，父母轮流说了 40 多分钟。在征得小敏同意后，我请父母出去休息，咨询室里就剩下我和她。她低着头，眼睛盯着桌面，表情有点僵硬。沉默了很久，她开始默默流泪："我……不知道……不明白自己怎么了……"

第二次咨询时，她仍然抗拒父母的参与，同意自己一个人咨询。小敏低

着头，说起自己的高中生活：学习太难了，上课都不怎么能听懂，作业写到晚上 11 点多；无论自己怎么努力，上课都集中不了注意力，看见老师就烦；自己定了目标（班级前 8 名，年级前 200 名），知道自己做不到，考试后就唾弃自己、鄙视自己，很害怕别人看出自己就是个“垃圾”，辛苦维持着好学生的样子，感觉自己随时都会崩溃。

第三次咨询到第十次咨询，她都抗拒父母的参与，全程自己一个人咨询。每一次和小敏交谈后，我都在征得小敏的同意后和她父母沟通 10~20 分钟。原来小敏出现对高一学习生活适应不良的根源是在初一时她父母经常吵架闹离婚。小敏到现在也不知道父母是否已经离婚，因为她不敢问，也不敢面对。但潜意识里她害怕高一又发生同样的危机，于是又采取了和初一时同样的策略：表现差，让父母觉得自己没救了，以此来转移父母的焦点，逃避可能出现的父母争吵、家庭破裂。

她曾不下十次对爸爸妈妈说：“你们再生一个吧。”她误以为是自己不够好，才导致父母吵架闹离婚。所以她想父母再生一个优秀的孩子，而自己这样平庸，活该经受各种折磨和惩罚。她觉得自己就是父母的耻辱，没了自己，父母再生一个，他们就会幸福，就不会离婚了。

我实施第一阶段的咨询主要是为了打开小敏的心结，第二阶段的咨询重点放在家庭关系的修复上，即让小敏全程参与家庭治疗，并积极主动分享自己的感受、想法等。家庭治疗一开始充满沉默、争辩、讥讽，后来慢慢有了微笑、聆听、接纳、和解、爱的体验等。看到吴女士和小敏微笑着握手和解，爸爸也露出了笑容。

成长建议

父母作为孩子的榜样和守护神，需要从以下六个方面进行调整：

第一，当孩子刚升入小学一年级、初一、高一甚至大一时，家长需要多关注孩子的认知、情绪和行为的变化，提前 3~6 个月来帮助孩子做适应期的疏导。

第二，调整沟通的方法和技巧，引导孩子说出自己真实的感受和想法。家长如果欺骗了孩子，孩子也会照葫芦画瓢来“欺骗”家长。

第三，认同孩子是独立的个体，有独立的想法和价值观。高中的学生已经有独立思考和判断的能力，他们有权利知悉、参与家庭的事务，并做出自己的决策。

第四，当孩子出现自闭和厌学情绪，补习不是正确的策略和方法，而应该寻求根源予以应对。小敏将自己的担忧从初一瞒到了高一，如果家长逼着孩子补课，只是治标不治本，孩子上大学或者工作以后还是

会爆发心理危机，所以需要尽早、尽快寻求专业的帮助。

第五，青春发育期多出现在 10~20 岁，个别会到 25 岁。家长需要提前调整好心态，每半年（至少每年）给孩子做做心理评估，帮助孩子学习减压，或者自己提升沟通的技巧，防患于未然。

第六，家长的情感问题与孩子无关，一旦孩子对家长的情感问题产生误会，家长要主动澄清，并且帮助孩子正确应对。家长需要单独找系统、专业的婚姻咨询机构来解决自身的问题和痛苦。

青春期是第二次心理独立的关键时期。孩子在高一时出现各种异常的现象，如莫名的烦躁易怒，觉得自己没用，害怕老师，沉浸于网络游戏，入睡困难，恍恍惚惚，和室友难以相处，不想写作业，感受不到父母之爱、朋友之情，不愿意和父母沟通，等等，可以考虑：焦虑抑郁、 人际关系障碍、亲子沟通障碍、曾遭遇挫折事件或创伤事件的影响等。

此案例的特殊性在于孩子成了父母情感危机的牺牲品。不管是三年前，还是三年后的现在，无辜的孩子为了解救父母的苦难，勇敢地承担起了受难者的角色：我是一切问题的根源，我没有资格好好活着，我需要受到惩罚。小敏逃避的不仅仅是学业的挫折、高压的生活，还有“罪恶”的自我，以及无颜以对的父母和濒临破碎的家庭。

孩子的问题大多是父母之间的关系不和谐所致，大多是父母的教育出了问题。孩子的痛苦大多源于父母的关系出了问题。

家庭关系出现问题，从夫妻情感问题、亲子关系问题入手可以直击根源，事半功倍。

吕 丽

12355 广州青少年服务台在线专家
国家二级心理咨询师
国家中医师

女儿怎会变成爱哭包？

■ 杨秋坚（12355 广州青少年服务台社工）

张女士的女儿 13 岁，正读初二。一直以来，女儿都很乖巧懂事，但不知道从什么时候开始迷恋上装扮自己，经常要求家人给其购买新衣服、新鞋子。家人不买，女儿就会哭，一直闹情绪，家人实在不想看到她哭闹，就会答应她的要求。 直到初一下学期期末考试前夕，女儿出现严重闹情绪的情况：要求张女士为其购买名牌鞋子、背包，如果张女士不买就闹情绪。张女士认为家庭收入不高，无力承担女儿购买名牌鞋子、背包的费用。女儿自小学毕业后因买手机、买平板电脑等对张女士闹情绪，已持续了一年的时间，最后张女士无奈妥协，还是给女儿买了名牌鞋子和背包。张女士为此感到苦恼，不知道为什么女儿会这样不停地闹情绪。

个案分析

初中阶段，青少年正处于青春期，周围的朋友、同学开始打扮自己，孩子也会关注自己的身材和样貌，女孩子更加希望能通过漂亮的面容和漂亮的衣服吸引大家的目光。家长要理解孩子“爱美”的心理，而不应该以自己的标准来衡量孩子。张女士认为女儿不应该购买贵重的物品，女儿仍是中学生，主要任务是学习，至于生活所需的物品，父母会全部帮其准备，从而忽略了女儿的感受。对青少年来说，父母，尤其是母亲，基本上就是他们的情绪沙包。因为在意形象，青少年在校时情绪通常比较压抑；回到家一来放松，二来为争取主权，易与父母起冲突，负面情绪就会在这时直接释放。孩子到了青春期，父母也会闹情绪。这时候孩子因为身心逐步成熟，开始争主权了，父母没办法适应，感觉受不了。而且，即使孩子认同父母的管教，也不可能欣然接受父母的全部意见，因为他要证明他比父母厉害，有时会有一种想要赢过父母的心态。因此，如果父母压制或不给予孩子主权，亲子的冲突就会更严重。女儿长大了，有自己的追求，而父母却还停留在“我要帮女儿准备一切物品”的阶段，当女儿的需求得不到满足，就只能通过各种闹情绪的行为强迫父母妥协。

成长建议

家长要注意观察孩子在青春期的反应，并积极与孩子沟通，关注孩子的学校生活，关注孩子的感受，走进他的内心，从中了解孩子经常闹情绪的原因。家长要注意观察孩子的成长变化，不能总是以孩子年龄还小，不能自己做决定，而替他做决定，这很容易引起孩子的叛逆心理：你们越不让我做，我就越做给你们看，让你们知道我是有能力的。

张女士的女儿因购买物品而闹情绪，甚至持续一年的时间，在此期间，父母没有与孩子沟通，没有帮助孩子宣泄情绪，而是听之任之，认为只要不给她买，闹两天就没事了。因此孩子在其购买需求得不到满足时，就会继续通过闹情绪的方式去表达自己的意见。当孩子的情绪来临，父母要尊重他的感受。同时，父母要给予孩子家庭的安全感，引导其运用运动、听音乐等方式发泄负面情绪。

爱美之心，人皆有之。13 岁的孩子正处于青春期，女孩子更加注意自己的身材和样貌，也会注重自己的服装，并佩戴一些饰品；男孩子也开始注意自己的衣着打扮，这都是青春期的孩子“爱美”的正常表现。家长需要注意的是，要了解孩子青春期情绪起伏的根本原因。为什么青少年的情绪会这样起起伏伏？归根结底，还是和这一时期的身心发展有关。青春期的孩子除了身体在急剧变化，自主性也在逐渐增强，既不能像小学生那般依赖、幼稚，又不具备大人的独立成熟；对自己的定位不明确，当自己的行为不被认可，心理上容易受挫，负面情绪比较多，如急躁、紧张、易怒、不安、焦虑、沮丧、孤单、厌烦等。

如果家长了解这些情绪都是孩子成长中必不可少的一个环节，接纳孩子的情绪波动，就不会那么愤怒，不会觉得孩子总是不听话。

另外，家长与孩子一定要有沟通渠道，且沟通渠道不仅要畅通，还要良好有效，这样当孩子有严重情绪困扰时，才有着力的地方。

能不能“放手”？

■ 杨秋坚（12355 广州青少年服务台社工）

小玳是一名五年级学生，最近因为一些事情不想上学。她说其实自己不是不喜欢去上学，只是在学校，同学不愿意跟她玩耍，总是说她这里不好，那里不好的。而且回家之后，她跟妈妈分享学校的事情时，妈妈都不理解自己。妈妈经常让她做她不喜欢的事情，有些事情她可以做却不让做；有时她遇到问题，妈妈不但不理解，不安慰她，还让她自己解决。小玳说自己理解父母的做法，但是她觉得压力很大。

此次是小玳主动致电的，小玳致电时情绪比较低落，向社工哭诉自己的情况，且她认识到自己能做什么，但她觉得压力很大，希望得到父母的认同和关注。之后小玳询问社工能否与其妈妈聊聊，并把电话转给妈妈。

小玳的妈妈邱女士说小玳很乖很懂事，他们夫妻认为小玳有能力处理自己的事情，因此较少关注小玳，并要求小玳做好自己该做的事。他们平时也会关注小玳在学校的表现，但他们认为班主任性格保守，不认同小玳的一些在校表现，他们也会经常告诉小玳老师不是针对她，老师对每位同学都是一样的。邱女士每次给小玳解决问题的建议，也是希望能够锻炼她解决问题的能力。

父母对小玳的要求就是不能伤害自己与他人的人身安全，除了人身安全以外的事情，父母都会支持小玳。

个案分析

一般而言，在得到充分关心的环境下长大的孩子不会过分追求他人的关心，能够形成健康的人际关系。也正因为如此，身心健康的人在与他人正常相处的过程中，不会过分依恋他人。小玳在家庭中没有得到父母充分的关注；在学校里，同学不愿意与其玩耍，认为老师总是布置给她一些无法完成的任务，因此她与同学、老师形成了一种不健康的人际关系：同学、老师都不信任小玳。

父母总是给予小玳建议，并放手让小玳自己思考，希望小玳能独立解决问题。但父母忽略了孩子是需要父母陪伴的，是希望能得到父母的肯定的。邱女士夫妇却只教孩子要自己解决问题，没有考虑小玳是否具备独立解决问题的能力，也没有继续询问小玳解决问题之后的感受，对小玳成长的指导不够深入。

成长建议

邱女士要积极主动地与小玳沟通，关注小玳的情绪变化，仔细聆听小玳在学校遇到的事情，并在小玳寻求帮助时，及时地给予指导，引导其遇到相似的情况时学会怎样去解决，培养其面对和解决问题的能力。小玳也要主动与父母沟通，让父母了解自己的情况，并主动向父母说出自己的感受，得到他们的支持。

父母在给予小玳建议后，也要积极主动关注小玳，了解小玳是否接受父母的建议，并询问小玳是否有自己的解决方法，了解小玳是否已经解决问题；如果没有解决问题，要询问是什么原因造成的，并与小玳沟通协商应该如何解决；同时，父母应当察觉小玳的情绪变化，引导小玳说出自己的感受，当发现小玳有不好的情绪后，帮助小玳缓解情绪，给予小玳陪伴和支持。

家长望子成龙心切，想让孩子在未来的竞争中立于不败之地，在幼儿期就开始抓孩子的知识学习，生活上的事由家长代做，让孩子腾出更多的时间来学习，却忽视了孩子生活自理能力的培养。过度保护和望子成龙心切是孩子缺乏独立性的两大根源。父母可以爱孩子，为孩子的成长创造有利条件，但是父母不能代替孩子去竞争。所以说，父母一方面要给予孩子爱，另一方面要在尊重孩子的基础上，培养孩子的独立性。

培养孩子的独立意识，是一个循序渐进的过程，也是一个漫长的过程，父母千万不能操之过急，不要因为孩子没有做好某件事就让孩子重新回到自己的羽翼下。对孩子力所能及的事情和孩子任何独立的尝试，父母要坚决放手。只要孩子付出了努力，即使结果不理想，父母也要及时给予认可和赞许，让孩子的独立性得到肯定和加强。但也不能一下子就要求孩子独立，毕竟操之过急，会起到反作用。在培养孩子的独立性时，父母也要关注孩子的情绪变化，避免孩子因为父母要求独立，而觉得父母不关注自己，产生不良情绪，造成亲子关系僵化、沟通不畅等情况。父母应引导孩子宣泄不良情绪，给予孩子支持。

父母吵架，如何减少对孩子的伤害？

■ 魏华林（12355 广州青少年服务台特约专家）

原本活泼可爱的小杰最近总是闷闷不乐，在家表现得很安静，不再缠着爸爸妈妈要新玩具，睡前也不要妈妈讲故事了。以前小杰很喜欢看动画片，但现在也不爱看了。学校老师也反应，这段时间小杰总是喜欢一个人待着，很少和其他小朋友玩，问他原因，他也只是低头不语。这下可急坏了小杰的爸爸妈妈，他们到处打听了解，想知道小杰在外面是不是被人欺负了，是不是和其他小朋友闹矛盾了，但经了解并未发现有此类情况发生。百思不得其解的父母意识到孩子的心理状况可能出了什么问题，于是拨通了 12355 热线电话。

个案分析

在详细了解了小杰的情况后，咨询师询问小杰的父母，最近家庭是否有发生什么变故。他们仔细回忆，说也没发生什么事，只是最近夫妻俩偶尔会吵架。小杰的爸爸最近换了工作，应酬多了，经常很晚才回家，家务和照顾小杰的重担几乎都落在了小杰妈妈的身上，这让小杰的妈妈有些不满，她觉得有些应酬小杰的爸爸完全是可以推掉的，希望他能抽出更多的时间来照顾家庭。有一次小杰的爸爸深夜才回家，而且浑身

酒气，小杰的妈妈气不打一处来，两人爆发了激烈的争吵。在争吵中，小杰的妈妈说如果小杰的爸爸继续这样，她就离家出走，让他一个人带孩子。小杰的爸爸妈妈原本以为当时小杰已经睡下，难道小杰不仅没睡着还听到了他们的争吵？于是小杰的爸爸妈妈按照咨询师的建议决定好好和小杰沟通，了解他内心的想法。果不其然，小杰在一阵沉默后说：“妈妈，你别走！我以后会乖的，不惹你生气，你别丢下我和爸爸。”说着说着，小杰哭了，哭得很伤心。小杰的回答让爸爸妈妈有些错愕，他们没想到自己无意中说出的话已经伤害了孩子。妈妈向小杰保证，当时只是在说气话，她不会真的丢下小杰和爸爸的，小杰这才慢慢放下了心中的担忧。

弗洛姆说：“家庭是社会的精神媒介，通过使自己适应家庭，孩子获得了后来在社会生活中使自己适应其所必须履行的职责的性格。”家庭的和谐与否会直接影响孩子的心理健康，温馨快乐的家庭环境更容易塑造乐观开朗的孩子，而争吵不断的家庭环境容易造成孩子内向孤僻、忧郁敏感的性格，甚至影响到他们成年后的择偶观念。在咨询过程中，咨询师经常听到来访者谈到原生家庭时如是说：

“家人无休止的争吵，让我特别敏感。我想要变得强大、变得无所谓，特别累。”

“骨子里的自卑，没有安全感，很在意别人对自己的看法，很多时候宁愿自己咬着牙坚持也不想去麻烦别人。”

“其实我不羡慕别人家的孩子有多少零花钱，穿着什么名牌，我羡慕的是他们的家庭带给他们的那种自信、眼界和精神。”

“在充满爱的家庭里长大的孩子身上的那种强大的自信和安全感是我这一辈子都模仿不来的。”

“小时候父母不断争吵，现在 28 岁了，害怕恋爱，小说、电影里的爱情太遥远了，身边的爱情是什么样子你就以为爱情是什么样子。”

“不想成为像妈妈这样的女人，不想嫁给像爸爸这样的男人。”

成长建议

有时候父母无意中说出来的一些话，父母虽未放在心上，但这些话会在孩子心里生根。所以在孩子面前，父母要尽量注意自己的言行。夫妻俩在一起久了，总会遇到各种各样的矛盾，有些时候就难免会发生争执，但是双方可以共同商定减少对孩子伤害的措施。具体可以怎么 操作呢？

第一，尽量不当着孩子的面争吵，有矛盾时夫妻双方私底下解决。

第二，尽量避免意气用事，吵架时避免把“离婚”之类的词挂在嘴边，更不能动不动就离家出走。

第三，吵架的时候尽可能就事论事，不进行人身攻击，也不要翻旧账。

第四，避免暴力行为，包括撂狠话、摔东西和动手打人等。

第五，向孩子做解释，告诉孩子爸爸妈妈之间发生矛盾了，需要一点时间来解决这个矛盾，但是爸爸妈妈对他的爱并没有变，这个家也没有变。

只有夫妻双方共同努力，以身作则，维持稳定和谐的家庭关系，创造温馨快乐的家庭氛围，才能给予孩子足够的安全感，使他们健康茁壮地成长。

魏华林

12355 广州青少年服务台特约专家
国家二级心理咨询师
广州医科大学附属脑科医院心理援助热线主任
广州市心理援助热线主任
中华预防医学会伤害预防与控制分会自杀干预学组成员

孩子哭诉同学欺负他，怎么办？

■ 娄慧娜（12355 广州青少年服务台在线专家）

李女士的女儿笑笑今年 14 岁，在一所寄宿学校读初中。近来笑笑跟妈妈说她不想上学了，她跟班上同学的关系都不太好，同学们都欺负她，嘲笑她，扔她的作业，她感到很孤独。

李女士回忆，笑笑在小学时和同学们的关系也不太好，经常受同学们欺负。李女士让笑笑告诉老师。后来笑笑倾诉的次数多了，李女士很烦躁，责怪笑笑，之后笑笑就不和她说学校的事情了。上了初中之后，笑笑住校，母女俩的沟通也比较少。近些天来，笑笑又哭又闹，不肯上学了，加上是单亲家庭，李女士不知道这件事情该如何处理。

个案分析

通过与李女士的交谈，社工能感受到李女士对孩子的担心、对此事的焦虑和困惑，以及做妈妈的不容易。倾听了李女士的困惑后，社工帮助她舒缓焦虑的情绪，引导她客观看待目前发生的事情。通过交谈了解到孩子的成长环境以及过往李女士处理此事的方法后，社工发现李女士并没有真正关注孩子的感受，孩子迫切需要理解与支持。

成长建议

第一，建议李女士到学校找到孩子的同学、老师等相关人员了解此事的来龙去脉，弄清楚孩子在学校到底发生了什么。

第二，不要着急批评孩子，先倾听孩子的心声，听听孩子的感受和想法。

第三，等孩子的情绪有所好转后，问问孩子想要怎么办以及需要妈妈提供怎样的帮助，可以和孩子一起想办法，跟孩子一起讨论哪种方式更为适合。

第四，如果需要学校配合，建议李女士找相关的老师和专业人员，商量如何支持孩子。

当孩子受到欺负时，父母到底应该怎么办？是教孩子以牙还牙，代替孩子实施干预，还是放任不管，让他们找老师或是一味指责孩子？这些方法都忽略了孩子才是当事人这一事实，忽略了孩子具有主观能动性。孩子正是在一次次的冲突中，学会解决冲突，培养强大的内心。

当孩子被欺负时，父母扮演什么样的角色？父母是那个稳固的归属和中心。无论如何，父母都要成为那个可以托起孩子的人。

父母可以做些什么，既可以支持到孩子，又可以借此机会锻炼孩子的社交技能，提升他的自信？

首先，父母要有一定的洞察力。根据孩子所述的情况，以及从学校、老师、相关同学那里了解的情况，判断孩子是遇到了校园欺凌还是同学之间的普通矛盾。如果是同学之间的普通矛盾，先征求孩子的意见，看看孩子想怎么处理。如果是校园欺凌，父母要高度重视。上报学校后，学校组织相关专家对欺凌事件的性质及等级进行认定，并与家长协商后处置。

其次，父母要耐心倾听孩子的心声，让孩子的情绪有一个宣泄口。如果孩子遇到社交困难或者校园欺凌，孩子的内心一定是难受的、无力的，还会有愤怒。这个时候，不论孩子说什么，父母都不要评判和指责，并且试着去理解孩子的不容易、孩子的辛苦和委屈。这样父母才能稳稳地托住孩子，孩子才能感受到父母安稳的爱和无条件地支持。当孩子觉得父母可以信任，可以无条件接纳他的时候，孩子才会说出事实，说出那些不容易开口说出的事情。

再次，父母要信任孩子有处理问题的能力。等孩子情绪恢复平稳，父母可以和孩子谈谈事情的起因、经过，以及在这个过程中孩子的态度和反应，孩子做了什么，老师是否知情，老师的态度，老师是如何处理的，等等。经过谈论之后，孩子对所发生的事情会有更明晰的认识。接着父母可以和孩子讨论可行的解决问题的方案。孩子想如何解决问题？孩子想如何应对此类事情？孩子需要父母的帮助吗？如果需要父母的帮助，希望父母怎么帮助自己？在整个探讨的过程中，孩子是当事人，父母要充分信任孩子，同时要告诉孩子，事情不论如何解决，父母都会永远支持他。这样的态度，会让孩子有勇气去面对不太想面对的事实，并让孩子有力量去直面问题，解决问题，在害怕中前行。

孩子为什么咬自己？

■ 张 燕（12355 广州青少年服务台社工）

刘先生反映孩子手臂上有一个深深的牙印，担心孩子被同学欺负，但孩子说是自己觉得好玩才咬的，说完还笑着使劲咬了一口，看牙印还真是与之前手臂的印记一模一样。刘先生不禁怀疑：孩子是不是压力太大导致心理不正常了？刘先生回忆起以前孩子很活泼好动，自三四年级起，孩子一下子沉静了下来，变得极度自律，每天起早贪黑地学习，似乎没有任何玩的欲望。孩子为什么要用力咬自己？为什么变得如此自律？刘先生疑惑孩子是不是压力太大，他找不出原因，很担心。

个案分析

“孩子咬自己，并且咬得很重很重，他不怕痛吗？这是不是心理有问题？”

“变得自律得可怕，甚至比我们大人还自律，这是不是不正常？”

“他学习成绩很好，可是每一次考完都很担心分数。”

刘先生话语间流露出内心的焦虑，社工觉察到了他深深地担忧，问刘先生平时与孩子沟通的情况如何，刘先生思索了一会儿说，自己在家的时间并不多，主要由妈妈照顾孩子的生活和学习。让刘先生有些伤心的是，孩子不喜欢让自己抱，并且对妈妈说：“不太喜欢爸爸回家，因为爸爸有点唠叨。”

社工引导刘先生回想平时跟孩子聊些什么。刘先生说为了提醒孩子努力学习，他经常告诉孩子高考很难，要努力，不然就上不了好学校，未来不会有什么成就。爸爸小时候没能好好读书，现在压力很大，希望他不要像爸爸一样。

说着说着，刘先生好像明白了什么，他反思道：“是不是我给他太大压力了？”社工反问刘先生：“那你现在想一想，孩子咬自己的问题反映出来的是谁的焦虑，是你的，还是孩子的？”刘先生若有所思地说：“那我该怎么和他沟通呢？只是表扬他吗？他确实在很多方面表现优异，我有时也会表扬他。”

社工又引导刘先生回忆平时是如何表扬孩子的。刘先生说：“比如我会说，你这次考试确实考得很好，我跟你握个手。但是，不能骄傲，一次考试考得好不代表什么，你还有一些方面做得不够好，要更努力，爸爸希望你更优秀。”

社工指出，正是“但是”二字坏了事。这两个字轻易夺走了孩子的快乐。

刘先生猛然意识到自己说的话不仅令孩子不快乐，还把太多的压力转嫁到孩子身上。

“难道我要他不再努力学习吗？学习毕竟也是很重要的事情呀，怎样让他不要有这么大的压力呢？”刘先生很困惑。

社工提醒他，孩子投入学习也不一定会感觉很苦，也许他正乐在其中呢。父母与孩子保持共同成长，与孩子建立良好的亲子关系，能够做到同悲同喜，就是给孩子成长最好的养分。如此懂事的孩子，鼓励和肯定能让他的内驱动力充盈。相反，如果一味施加压力，渐渐地，孩子就会对学习失去兴趣，变成被动学习，这也是很多孩子进入初中后学习成绩下降、动力不足的原因。

“那他要是再咬自己怎么办？”刘先生担忧地问。

“如果孩子说是因为好玩才咬，您不妨借机跟孩子一起玩，比如大方地伸出您的手臂，与孩子一起玩耍，表现出对孩子的信任和爱。在日常相处中让孩子知道，你爱的是他，不是他的成绩。”

成长建议

有一个初中女生曾经在咨询中说："我不喜欢和老爸聊天，不管你跟他聊什么，他最后都能把话题兜回到学习上。"

跟刘先生一样，很多家长不会跟孩子聊天，经常几句话就"把天聊死"了，还给孩子心里添堵，肩上加压。

"为了你，爸爸拼命在外面工作赚钱。"

"为了你，妈妈放弃了工作，整天为你服务。"

"最近学习怎么样？考试成绩出来了吗？"

"爸爸可以带你去旅游，但是你要先把学习搞好。"

"你可不能像爸爸一样，当初爸爸没有好好读书，现在人到中年压力很大。"

……

如果你希望孩子远离你，不和你沟通，常说以上这几句话很快就能达到效果，因为它们把家长内心的焦虑和压力直接传递给了孩子。父母过度关注孩子的成绩，将自己的梦想强压在孩子身上，变成孩子学习压力的主要来源，最终会束缚孩子的成长。

如果孩子乐于跟父母聊天，那亲子之间的"精神脐带"就能一直保持，这对孩子来说是一种爱的滋养，不仅促进了彼此了解，也能让孩子更愿意接受父母的建议。

01 多肯定。

当孩子觉得父母不认同他所说的话，孩子也就没有了继续与父母沟通的欲望。当父母与孩子有不同意见时，父母可以多问问题，少评论，引导孩子自己发现问题及解决问题。

当孩子与父母分享喜悦时，父母要控制住自己的说教欲望，不泼冷水，而是全然地感受孩子的快乐，与孩子共同体验愉悦。

02 少说教。

说教背后的需求实质上是被理解的需求和掌控的需求。谁都不喜欢被控制，孩子也是一样。说教在无形中把父母的压力源源不断地传递给了孩子。以刘先生和孩子的关系为例，刘先生希望通过把成人世界的压力展现给儿子从而鞭策他更努力地学习，但造成的后果是，儿子把刘先生当成了压力来源，明确表示“不太喜欢爸爸回家”。

03 保护孩子的内驱力。

家长过度转嫁压力、重视成绩容易使孩子更加注重外在评价。有内驱力的孩子，他会享受到学习本身的乐趣，这乐趣成了激励他努力学习的最大动机；被外在评价系统控制的孩子，“天生爱学习”的动机被“为了父母而学习”的动机所取代，在学习过程中会过于在乎别人的赞誉，过于在乎考试成绩，很容易产生考试焦虑。

04 与孩子共同成长。

父母的焦虑往往来自自我成长的停止，如果父母自己也在成长，他们就不容易对适应社会产生恐惧和过分焦虑。

05 分清是谁的问题。

家长在吼孩子写作业慢、学习不努力之前，不妨先问问自己：到底引起自己焦虑的是“孩子的问题”还是“自己的问题”？我考虑的到底是谁的心理需求？这需要家长有意识地训练自己的觉察力，及时觉察自己的情绪、想法、愿望和行为。

孩子遇到挫折，怎么办？

■ 张 燕（12355 广州青少年服务台社工）

梁女士的儿子今年上五年级了，不知为什么，这个学期开学没多久，儿子就不愿背单词，也不愿意写英语作业。最近的一次英语考试他更是交了白卷。梁女士向儿子了解到，原来是因为有一次英语老师当着全班同学的面批评了他，还顺带批评了妈妈，这让儿子接受不了，从此不愿学习英语。

个案分析

梁女士表示现在怎么跟儿子说都说不通，孩子就是不学英语。社工询问梁女士是如何跟孩子沟通的，梁女士说：“我跟他说老师不是故意骂他的，不要再跟老师斗气，学习是自己的事。”

“这些话对孩子起作用了吗？”

“没有，他说本来就不喜欢学英语，以后再也不学英语了。”

“您从孩子的话里听出他带有什么样的情绪了吗？”社工建议问。

“他被老师批评了很生气。”

"对，被当众批评，自尊心一定很受伤，还有呢？"社工引导。

"我想不出来了。"梁女士表示无能为力。

社工建议梁女士先注意觉察儿子的情绪，了解他为什么会产生这样的情绪，除了他自己被批评外，还连累妈妈被批评，这会不会是孩子内心最难以接受的呢？因为孩子最爱的人就是妈妈。妈妈这个时候应该和孩子建立情感链接，理解孩子的愤怒、羞愧、沮丧、失望等情绪产生的根源，帮助他宣泄这些情绪，还要看到孩子对妈妈的爱，并感谢他的爱。处理完孩子的情绪，梁女士再来处理事件本身，此时讲道理才容易被孩子接受。

梁女士沉默了好一会儿，似乎被那份自己忽略的孩子对她的爱打动了。"我知道要怎样跟孩子沟通这件事了。"

成长建议

每一个人在逐渐长大的过程中，都会发现"这个世界不是按照我的意志来运转的"，比如放在高处的糖果不会因为自己不够高而突然出现在低处，陌生人不会因为自己害怕而消失不见，外界的批评指责不会因为自己无法接受而消减……在生活中，我们要磨炼意志，增强心理免疫力，这样才更有自信去面对未知的环境与挑战。

当孩子经历挫折，自信心、自尊心受到打击，超过了孩子可以承受的范围，孩子的内心就会产生压力、焦虑，如果处理不好可能会导致心理创伤的形成。当孩子向父母求助时，父母首先要处理的不是具体事件，而是他的内心感受和情绪。因此建议：

01 父母做孩子情绪的转化容器。

我们常说要接纳孩子，父母不妨把自己当作一个好的容器，能包容，能提供安全感，鼓励孩子成长。父母既要在孩子把事情做好时认可他，还要在孩子遇到挫败时给他支持和鼓励。

孩子向家长求助时，家长应先接纳孩子，通过共情让他知道他有这些情绪很正常，再引领他找到正确的应对方法。孩子在放松的状态下从感性思考转向理性思考，学会从多角度看待问题。

02 帮助孩子识别情绪。

父母能做到的支持，除了站在孩子这一边，还可以帮助孩子识别当下的情绪，将这些情绪加工、转化为孩子能接受的情绪和认知。

所谓识别，即用语言描述所看见的孩子当前的情绪状态（悲伤、愤怒、委屈、沮丧、懊恼……）。当父母不断对孩子的情绪命名，孩子就进入了一个认识、了解它们的过程，而且会感到这一切可以被自己把控。这也是一个父母对孩子共情的过程，让孩子感觉自己得到了支持和理解。

在这个基础上，父母还应能识别孩子的情绪背后的需求，比如梁女士可以用“妈妈知道你真的很爱妈妈”“妈妈知道你学习英语确实存在困难，但其实内心是想把英语学好的”等话语洞悉孩子的内心，安抚孩子的情绪。待孩子情绪平复，父母可以慢慢和他探讨如何解决问题。在孩子表达自我认知和解决方法时，父母不要过多评价和指责他的想法，这样孩子就能从一个受挫的状态转变为一个自信的状态，他会动用更多的心智资源去应对自己的现实生活，完成一次属于自己的成长。

我该如何处理孩子早恋的问题？

■ 黄文婧（12355 广州青少年服务台社工）

肖先生与妻子在帮六年级的儿子收拾桌面的时候，不小心碰到了儿子平板电脑上的电源按钮。屏幕点亮后，夫妻两人发现孩子的 QQ 没有退出，强大的好奇心促使他们点开了儿子的 QQ。本着关心孩子的原则，夫妻两人翻开了儿子的 QQ 聊天记录。他们发现儿子与班级里一个女同学聊天聊得最频繁，两人似乎也最亲密。儿子夸奖女同学长得好看，气质优雅，并表示要跟这个女同学一起上同一所初中。女同学也表示自己很喜欢儿子的为人，愿意一起上同一所初中。这是单纯的互相欣赏，但是在肖先生心中，却是孩子早恋的一个信号。

于是当晚，肖太太便声称自己接到了班主任的电话，被告知儿子与班上一个女同学走得很近，以此观察儿子会做出什么反应。儿子并没有和母亲透露太多信息，只是整晚都提心吊胆，等待着下班回家的爸爸将不满发泄到自己身上。

但是儿子想象中的暴风雨却没有来，取而代之的是父亲一个温暖的拥抱。儿子哭着表示自己错了，会好好学习，不会浪费时间在谈恋爱上。

肖先生虽然没有责备孩子，但是孩子懂事的反应又让自己不知所措，于是他抱着犹豫的态度，拨通了 12355 热线电话，把事情的来龙去脉说了一遍，并向社工咨询该如何与孩子讨论恋爱的话题。

个案处理

家长要重视青春期孩子的恋爱问题，但是不需要过度紧张。青春期的孩子会对异性产生好奇，也更容易对具有某些特质的异性产生情愫，这是一种普遍现象。

孩子对异性的好感，不能“堵”，只能“疏”。这时候运用好同理心能让孩子与父母更加贴近彼此，父母可以与孩子分享自己年轻时的类似经历，这样会让孩子产生一种“你能理解我，我愿意与你分享我的想法”的体验，从而为接下来的通畅交流打下基础。

父母可以引导孩子说出自己的想法：“你为什么会喜欢他呢？”“你喜欢他哪些地方？”然后对孩子欣赏异性的观点给予肯定，鼓励孩子与异性正常相处、交流，并明确底线，说明什么是可以做的，什么是不可以做的。

值得注意的是：在交流过程中，父母与孩子要地位平等，不能以家长教育孩子的姿态展开交流。在关系平等的基础上，父母才能更好地与孩子讨论如何应对，才能让孩子感到自己被尊重。

而且，要从孩子口中了解事实，而不应该故意翻阅孩子的平板电脑或手机去获取信息并加以揣测，这样会伤害孩子的自尊心，也阻断了孩子向大人倾诉、求助的道路。

鼓励孩子与异性正常交流，其实也可以联系亲戚朋友的孩子们聚会，拓宽孩子的社交圈。

成长建议

肖先生的孩子刚刚步入青春期，他对异性产生好奇与好感，想与自己喜欢的异性有进一步了解。恰逢小升初，两个孩子约定要上同一所初中，但父母并不能因为这种情愫就确定孩子是早恋，这只是青春期生理与心理发展过程中的正常反应。父母应该提前做好孩子迈入青春期的心理准备。青春期的孩子更多地关注自身成长与发展，家长在旁要起到辅助作用，让孩子能够客观地认识与对待异性同学或朋友，正确地处理自己产生的情愫，区分友谊与爱情，并做好底线教育。

由于青春期是孩子自我意识发展的时期，家长要尊重孩子，鼓励孩子说出自己的想法，切忌对孩子的想法与行为一票否决，也不要对孩子犯下的一个小错误耿耿于怀，仿佛翻旧账一样，遇到合适的情景就又拿出来数落孩子。当孩子的思想或行为出现偏差时，父母应以一个开放的态度和平等的身份与孩子共同思考：“这个问题换个角度想，换个方式做，会不会更好呢？”从而形成一种良好的氛围，向有疑惑的孩子打开解答的大门。

家，为何会打人？

■ 李佩仪（12355 广州青少年服务台社工）

张女士，26 岁，与丈夫结婚 6 年，育有一子，儿子 6 岁。丈夫处于创业期，早出晚归，无暇顾及家庭。而她是某外贸公司的业务员，原有机会晋升为管理层，但因需照顾孩子而不能出差，所以心有不甘地放弃了机会。6 岁的儿子活泼好动，富有探索精神，但又不知分寸，常常惹祸。这样的性格也使他静不下来学习。每当他闯祸或做作业不专心时，张女士就暴跳如雷，狠狠地批评他。有一次在辅导儿子做作业时，由于儿子无心学习，加上不小心把张女士的手机摔裂，张女士控制不住情绪而打了孩子。孩子逃离后马上拨打“110”报警电话，幸好公安及时赶到阻止了张女士伤害孩子。张女士冷静下来后，后悔不已，听从公安的建议致电 12355 广州青少年服务台求助。

个案处理

家暴行为，往往是不良的教育方式加上情绪失控造成的。张女士平时的教育方式是批评否定式的，容易引起孩子的敌对反应，加剧亲子冲突。张女士因家庭放弃职业的发展机会，已有埋怨情绪，独自照顾孩子的生活和学习，需要耗费大量的时间和精力，同时缺乏丈夫的支持和帮助，长期积累着负面情绪，以致因一件小事而情绪爆发，失去理智，使用了暴力手段。本个案中值得表扬的是张女士对孩子的自我保护教育到位，孩子在遇到家庭暴力时懂得致电“110”求助，成功阻止了家庭暴力的伤害。事后张女士知错就改的态度也值得肯定。

成长建议

01 通过非暴力沟通方法，逐渐改善关系。

照顾和教育孩子，是一项非常艰辛的任务，使用暴力威胁的手段看似方便有效，其实不但会伤害了亲子关系，还不利于孩子的身心健康成长。遭受家庭暴力的孩子可能因带着心理阴影成长，变得不自信、没有主见或性格暴戾，甚至有严重的心理创伤，影响将来的人际关系和家庭关系。张女士存在不良的教育方式甚至暴力行为，影响了亲子关系，社工建议张女士以“阐明事实 + 表达感受 + 提出需要 + 具体请求”的非暴力沟通方法，畅通亲子沟通渠道，避免亲子冲突。

父母需要转变“棍棒底下出孝子”的观念，并树立平等、尊重意识，明白到孩子有权利在没有身体和精神暴力的环境中长大。

02 处理负面情绪，舒缓压力。

张女士长期一人承担着育儿的责任，牺牲了个人事业和个人时间，积累的负面情绪缺乏宣泄口。就像气球不断加充气体却没能及时放气一样，总有一天会爆炸。在交流的过程中，由于社工的同理和接纳，张女士哭诉了自己的委屈和难过，被压抑的负面情绪得到舒缓，社工也向张女士分享了一些处理情绪和缓解压力的方法，帮助张女士学会自我管理情绪。

父母做好情绪管理会给孩子形成良好的示范，让孩子在成长过程中学习处理矛盾与管理情绪的不同方法。

03 重建家庭分工模式，建立平等和谐关系。

照顾家庭是夫妻双方共同的责任，任何一方都不能缺失。张女士家中，丈夫长期忙于工作，存在家庭角色缺位。于是社工协助张女士检视家庭关系和角色，建议建立平等的夫妻关系，改善家庭分工模式。在照顾和教育儿子方面，社工建议张女士夫妻双方一起参与，给予孩子完整的爱。

父亲在家庭教育中的缺位成为一种社会问题。父亲缺位，容易导致父亲在孩子心中缺乏威信，孩子的习惯养成出现困境，孩子容易缺乏责任感、自信心等问题。如果父亲在育儿过程中参与度低，母亲也不要通过唠叨或责备促进父亲的参与，而应创造更多亲子相处的机会，增加孩子与父亲的沟通，帮助父亲意识到家庭教育需要双亲参与并乐于其中。

04 自我保护教育需持续进行。

张女士之子在遇到家暴行为后懂得立刻逃离并拨打“110”求助，是自我保护教育的成果，社工对此表示肯定。但随着孩子的成长，他遇到的危机情况可能会更复杂，社工建议张女士与孩子一起制订更完善的安全计划，并收集街道办、属地社工服务站、12348 法律援助热线、庇护中心等信息备用。最后社工告知张女士，自我保护教育需要持续进行，建议其不断与孩子一起更新和复习自我保护的相关知识。

非暴力沟通

亲子教育中，使用非暴力沟通能有效避免家庭暴力。非暴力沟通是一种理性、积极的沟通方式，它让我们专注于双方的感受和需求，从解决问题的角度出发，使我们不受情绪和主观判断影响。非暴力沟通的关键在于：

1. 观察。保持客观观察，不做任何评价。
2. 感受。体会自己和他人此刻内心的感受，并说出自己的感受。
3. 需要。通过感受找到对方需求的出发点，即沟通的目的。
4. 请求。找到问题的根源后，明确、具体地提出请求。

孩子上学后会成为校园欺凌的施暴者吗？

■ 李佩仪（12355 广州青少年服务台社工）

小易，男，3 岁，2 岁前由父母照顾，2 岁后由奶奶照顾。奶奶同时照顾 3 个孩子，另外两个是小易 7 岁的大堂姐和 4 岁的二堂姐。与小易一同居住的叔叔最近观察到小易总是一个人玩，不轻易回应家里的大人和小孩说的话。如果大人态度强硬强行打断他玩耍，他就会有激烈的暴力行为和歇斯底里的无内容喊叫。与堂姐们发生冲突时，虽然小易的年龄是最小的，但他的行为却最凶狠。例如：拿起棍子不管不顾地往别人头上打。叔叔认为小易得了自闭症，此时小易也即将上幼儿园了，担心小易的暴力行为会伤害到其他同学，成为校园欺凌的施暴者，于是致电 12355 广州青少年服务台求助。

电话中，小易的叔叔向社工述说了小易的上述表现。社工询问细节后发现，叔叔对心理学有一些了解，所描述的小易的行为中有一些符合自闭症的症状，但叔叔对小易的日常生活状态、成长经历并不了解，社工无法收集更多的信息做评估，担心这只是叔叔的个人臆想。于是社工向叔叔提出希望与小易或小易的妈妈沟通，建议叔叔共情小易妈妈养育孩子的辛苦，肯定小易妈妈对小易的爱，鼓励小易妈妈勇敢面对困难，与社工聊一聊。

叔叔的鼓励工作做得很好，第二天小易和小易妈妈、叔叔一起与社工见面。当小易到门口时，社工热情地迎上去，满脸笑容地与小易打招呼，小易躲在妈妈的怀里，害羞地笑了，右手有些许往社工方向伸出，社工于是想顺势与小易握手，但这时候小易却笑着抬起右手往社工手上稍重地打了一下。妈妈马上向小易投去了责备的眼光，小易的笑容隐去了。

社工给了一个毛桃给小易吃，小易拿到手后第一时间不是用嘴咬，而是用指甲在抠毛桃，把毛桃抠得坑坑洼洼，很难看。这时候，妈妈觉得小易又调皮了，打了一下他的手并拿走了毛桃，然后小易就哭喊着要打妈妈了。对此，妈妈表示，只要稍有不顺意，小易都会打人，无论是谁。

个案分析

孤独症（也叫自闭症）是广泛性发育障碍的一种亚型，在男性中多见，起病于婴幼儿期，主要表现为不同程度的言语发育障碍、人际交往障碍、兴趣狭窄和行为方式刻板。小易虽然话较少，不懂表达，被打扰时会有歇斯底里的行为，但社工见到小易的时候，小易是能用笑容与社工打招呼的。通过社工的努力，小易能快速地信任社工，与社工一起玩，基本可以排除小易患有自闭症的可能。小易的“自闭症”只是叔叔对于心理学一知半解的猜测。

小易虽然会笑着与社工打招呼，但也会稍稍用力打一下社工，说明小易对于自己行为的认知和控制并不是十分清晰。

社工看到小易抠毛桃的行为，猜测他是因为不想吃到毛桃上的毛，所以社工把毛桃削皮后再给小易，小易马上开心地咬了一口，笑着跟社工说谢谢。小易的妈妈和叔叔都惊呆了，表示小易很少这么轻易与别人亲近并主动说谢谢。小易遇到问题，没有第一时间向妈妈求助，而是选择自己默默地解决，这可能是他曾经无数次求助失败后的无奈表现，即使如此他仍遭到了妈妈的误会和责怪。今天社工读懂了小易行为背后的需求，做到了理解和帮助，所以小易表现得很惊喜。这也许是因为在日常的亲子沟通中，父母对小易的教育缺乏耐心和理解，使得小易不敢表达自己的想法和需求。在一再被误会与责怪后，无助的小易只能凭本能用暴力去反抗和表达愤怒的情绪。

我们肯定小易的叔叔积极学习心理学的态度，但这同时说明诊断心理疾病需要有专业的资质，乱下诊断结论容易给别人贴标签，造成伤害。

小易不敢用言语来表达需要，对行为表达缺乏认知，社工建议小易的妈妈多观察、多了解小易，鼓励小易用言语表达需求和处理情绪，引导其学习控制行为与力度，认识暴力行为。

成长建议

随着心理健康教育的普及，家长们越来越重视未成年人的心理健康，通过网络、书籍等途径学习心理学相关知识，在生活中、教育中学以致用。这种积极的学习态度是值得肯定的，但在判断病症这一方面，有资质的心理医生才能做诊断。非专业人士给未成年人妄下诊断结论，不但会引起家长和未成年人的恐慌，还会给未成年人贴上“精神病”的标签，受到社会舆论的压力。建议家长们发现未成年人有异常行为表现时，勿妄下病论，到正规的三甲医院挂号咨询专业的心理医生。

情绪的产生是人类的本能反应，但管理情绪却是人类后天所需要学习的技能。未成年人的情绪管理和行为控制是需要通过后天教育培养的，家长责无旁贷。而这个过程中，家长的耐心与鼓励不可或缺。

◎ 章首语

你不是一个人，我就在这里

“现在的孩子都怎么了？动不动就说自己得了抑郁症，难道这也值得赶潮流吗？”许多父母抱怨道。

其实，他们应该庆幸孩子愿意向他们倾诉自己的内心想法并寻求帮助。父母除了要照顾好孩子的身体，更要关注孩子的心理健康。不论孩子是产生了抑郁情绪，还是患上了心理或精神疾病，父母都应及时给予关爱，帮助孩子疏导负面情绪，警惕孩子“积郁成疾”；必要时带孩子到三甲医院的精神科或心理科评估孩子的精神或心理状况。

当孩子表达出抑郁情绪时，最怕父母这样回应：

“小孩子哪来这么多毛病，还不是给自己不好好学习找借口。”

“睡一觉就好了，别想那么多。”

“你加油，坚强点，心理问题要靠自己扛，扛一扛就过去了。”

“人生有起有落，难过总会过去的。”

……

父母不信任、不理解的回应，只会让孩子的“心病”雪上加霜，而那些看似鼓励、加油的话语只会让孩子倍感无力、无助、失望。

在本章，12355 广州青少年服务台的在线专家将结合抑郁、心理成瘾等实际案例，为孩子提供预防、治疗心理或精神疾病的专业建议和行为指南。

如果孩子发出求救信号，请拥抱他并告诉他：“你不是一个人，我就在这里。我很关心你，也一定会帮助你。”

第四章

生命意识与唤醒辅助

您了解“微笑抑郁”吗？

■ 黄春瑜（12355 广州青少年服务台特约专家）

接到陈霖的电话是在一个冬天的晚上。当时整个咨询室很安静，安静得让我有点昏昏欲睡。突然，一阵电话铃声打破了这片安静。我赶紧接起电话，耳边传来一阵撕心裂肺的哭声，久久没有平复。等了一两分钟，电话那头的人终于平静了一些，也开口说话了：“不好意思，打扰到您了。”“没关系。您似乎很难过，发生什么事了吗？”我问。“其实也没发生什么事，就是突然觉得很难过，很想哭，”她接着说，“我能和您谈谈吗？”我说：“当然可以！”于是，陈霖给我讲了她的故事。

陈霖，18 岁，是广州某名牌大学的大一学生。她从小就是一个很乖巧的女生，成绩好，从来不需要大人们担心，是大人们口中“别人家的孩子”。不管是学校的同学，还是校外认识的朋友，都很喜欢她。在他们眼中，她是一个乐观开朗，内心很强大的人。不管谁有什么烦恼，都喜欢跟她分享；谁有什么困难，都喜欢找她帮忙，而她也乐于去帮助朋友们。可是，只有陈霖自己知道，其实这些都是她的“面具”。每个人都有自己的烦恼，也会有不开心的时候，陈霖也一样。不知道从什么时候开始，她感到很疲惫，越来越不开心。但是她不想让家人和朋友们担心，于是，她把疲惫、不开心等所有负面的感受都深深藏在心底，继续在大家面前伪装成一个很乐观开朗的模样。就这样日复一日，几年过去了，陈霖的内心越来越压抑，晚上很难入睡，即使睡着了，也容易被惊醒。她经常会像今天这样突然很难过，很想哭。最近几个月，陈霖发现自己的情绪越来越难以控制，波动很大，对什么事情都失去了兴趣，对自己的人生感到绝望。有时候她站在宿舍门口，会有那么一瞬间，有想跳下去的冲动，幸好，她压制住了这种冲动。陈霖觉得自己可能情绪出了问题，于是去医院看了医生，经过评估，证实她得了抑郁症。对于这样的结果，她并不意外，因为这些不良情绪确实困扰了她很久。她害怕家人和朋友知道这个结果之后会担心，只是在闲聊的时候偶尔提到抑郁症的问题。可是不管是家人还是朋友，都认为谁都可能得抑郁症，就她不可能。为此，她感到很崩溃，觉得没有人可以帮到自己。

个案分析

听了陈霖的故事之后，除了给予共情和理解之外，我也做了如下工作：

首先，我鼓励陈霖跟家人和信任的朋友说明自己的情况。跟他们说明情况，一方面是让他们知道陈霖目前的状态，获得他们的支持，另一方面也是为了让陈霖在生活中不再压抑自己。

其次，我启发陈霖寻找一些可以帮助自己的资源。再伟大的人，都不可能时刻保持完美的状态。他们会遇到困难，会遇到挫折，同时也会有无助、需要帮助的时候，这时候，身边的资源就很重要了。我们身边其实有很多资源可以利用，只是我们习惯了自己处理，不想麻烦别人，也不想让家人、朋友担心，所以一直把情绪压抑起来，时间长了，负面情绪就会越积越多，出现问题。接下来的时间里，我跟陈霖梳理了一张她身边的资源，同时也列了一张详细的资源清单。比如：遇到什么样的困难，可以怎么处理；如果处理不了，可以求助哪些人。

再次，我引导陈霖学会一些调节情绪的方法。喜怒哀乐，是人的不同情感，生而为人，就一定会有开心、生气、难过的时候。因此，不管是开心，还是生气、难过，人都需要接纳。同时，中医有一种说法：喜伤心、怒伤肝、思伤脾、悲伤肺、恐伤肾。这个理论提醒我们，如果人长期处于一种情绪当中，不但会损伤我们的身体，也会导致心理疾病的发生。所以，学会调节情绪，尤为重要。除了寻找资源之外，我也跟陈霖讨论了一些调节情绪的方法。当焦虑的时候，试着用呼吸放松法放松主身心；难过的时候，可以做一些自己喜欢做的事情，如听歌、画画、看书、运动，或者找家人、朋友倾诉。

最后，我建议陈霖不要排斥寻求专业人士的帮助。我提醒陈霖，必要时

需要重视医生的诊断和遵医嘱。在尝试实施以上几点建议期间，她也需要按医生的治疗方案进行治疗。罗马不是一天建成的，心理问题也不是一天两天就形成的，治疗和调整也需要长时间的坚持。

之后的几个月里，陈霖有定期来电分享她的情况。在这几个月里，陈霖坚持按照医生的治疗方案进行治疗，也多次试着跟家人和朋友沟通，最终获得了他们的理解和支持。同时，陈霖坚持运动，有困难的时候找人帮忙，情绪也渐渐比之前稳定了。

成长建议

据世界卫生组织统计，截至2019年10月全球共有3.5亿人患有抑郁症，遍布各个年龄组，抑郁症已成为全球第四大疾病。近60%的抑郁症患者曾有过自杀的念头，其中10%~15%的重度抑郁症患者会选择自杀来结束生命。在我国，抑郁症患者数量已超过5800万，而且这个数量还在不断增长，但其中仅仅10%的患者接受了治疗。

可怕的是，有相当多受抑郁症困扰的人在试图隐藏自身的病情，也就是如文中陈霖一样的情况。他们出于“面子的需要”“礼节的需要”“尊严和责任的需要”等原因，不得不戴着乐观开朗的“面具”。他们有很好的社交能力，甚至在群体当中是个相当有影响力的人，但是在这“面具”背后，却充满了各种自我否定、孤独和绝望，我们称之为“微笑抑郁”。如果不及时调整，患者会出现很严重的症状，做出伤害自己的行为。因此，他们需要摘下“面具”，及时调整和宣泄不良情绪，学会求助身边的人和专业人士。同时也呼吁大家，留意自己身边的人，对他们不经意提到的“呼救”信号，要保持警惕，对他们多一些理解和支持，让他们更快地走出来。

黄春瑜

12355广州青少年服务台特约专家
国家二级心理咨询师
广州医科大学附属脑科医院心理咨询师
广州市心理危机研究与干预中心成员

高三女生为何几度欲轻生？

■ 蒋晓玲（12355 广州青少年服务台在线专家）

小丽，17 岁，从小性格温顺，学习自觉、努力，从小学到初中学习成绩一直名列前茅，通过中考顺利考上了重点高中，家人对她寄予厚望。小丽进入高三以来常常失眠、早醒、乏力、头晕、头痛等，身体经常不舒服。她以前总是认为自己身体不好，到医院做过核磁共振检查，但没发现异常。最近一个月，她的情况越来越糟糕，她隔三岔五请假不去上课，最近两天更是躺在床上不吃不喝，有时还流泪。父母不知如何是好，很焦急。

小丽向咨询师倾诉：“这种状态从高二开始，大约是高中学习一直不好，怎么学都学不好，而且最好的朋友都在别的学校，我很痛苦。”

“现在我马上要高考了，我知道我的家人都希望我考上一个好大学。虽然他们没要求我，我也曾考过好成绩，但我觉得当时只是一时运气而已，我不知道我为什么会有这种心理。”

“我晚上睡不着，早上很早就醒了，我不想吃饭，我不想吃任何东西，我只想一个人待着，然后慢慢死掉。”

“我觉得这个世界特别假，我感觉我不真实，我也觉得我自己智力有问题，像我这样的人不值得这么多人对我好，不值得他们关心我，他们应该把我放在一个无人的地方，不要管我。这样他们就不用那么担心了。其实我不配活在这个世界，不配拥有这一切，我甚至觉得我不该接受心理治疗。我想过轻生很多次，但是我怕我外婆太伤心，因为她年纪大了，受不了刺激，我一直克制自己千万不能那么做，我不知道我为什么要活着……”

“我想解脱，我的家人很担心，嘱咐我千万不能那样做，我不知道该怎么办，拜托你救救我！”

个案处理

首先，专家对小丽家长给予了分析和建议。

告知小丽的家长，小丽有可能患有抑郁障碍（俗称抑郁症或忧郁症），要到精神科去看病，听取精神科医生的意见。

同时，建议家人降低对小丽的高考期望，放松心情，给小丽一个宽松的环境，不要让她感觉到家人的紧张，不然她会更内疚。让小丽根据自己的情况决定是否去上学，尊重她的意愿，给她理解和支持。

提醒小丽的家长，小丽有自杀的想法，要注意观察和陪伴小丽，防止她自杀。

其次，专家倾听小丽的烦恼，与她共情，给予她共情、理解、鼓励，支持和信心。

告诉小丽她可能患了抑郁障碍这种心理疾病，它就像感冒一样，是一种常见病，但它比感冒让人难受很多倍。她现在的症状是抑郁症状，需要到精神科做进一步诊断。

劝导小丽："我能深深感受到你的痛苦，尽管你那么痛苦，你首先想到的却是家人；你很想努力考出好成绩，考个好大学，为家里增光，可是你却感到力不从心；你觉得自己没用，不值得，这些认知让你非常难受。你这一年一路走过来真的很不容易，这证明你有坚强的意志力和强大的生命力。我建议你换一个角度思考问题，改变认知，转变思维方向，在你自责、内疚或睡不着觉的时候，你可以想想怎样让别人开心快乐（引导思考合作），这样做有利于你的康复，相信你一定能走出困境，战胜病魔。我对你非常有信心！"

接受咨询服务后，小丽妈妈带小丽去精神科看病，医生给小丽开了促进睡眠和抗抑郁的药。经过几次电话咨询，小丽的认知有所改变。后来，小丽返校上课并参加了高考，高考成绩接近本科线。

成长建议

小丽从小性格温顺，学习自觉、努力，从小学到初中学习成绩一直名列前茅，通过中考顺利考上了重点高中，家人对她寄予厚望。小丽的成长过程和环境让她产生一种以自我为中心的优越情结，由于别人对她的评价很高，她会觉得别人对她有很高的期望，希望她考上重点大学，光宗耀祖。当她的成绩没达到自己的期望，或发现要达到别人的期望非常困难时，她便会因失败而低估自己，会感到担心和害怕，会在内心深处怀疑自己的能力和价值，会受自卑的困扰。加之处于青春期的学生情绪容易产生波动、敏感，当她发现自己憧憬并乐观想象过的未来生活无法实现时，焦虑、忧郁的情绪便会更加强烈。这个时期的孩子却闭锁自己的内心，不愿或羞于表达自己的感受，情绪得不到纾解。

小丽的父母对小丽的学习成绩和身体状况过度关注，而对小丽的心理健康状况却关注不够。一年来，他们一直关注的是小丽是否去上课，成绩怎么样，身体哪里不舒服，带她去各个医院看病，却没有了解小丽的心理感受和情绪变化，与小丽缺乏谈心沟通，没能及时给予小丽心理上的理解和支持。

“这种状态从高二开始，大约是高中学习一直不好，怎么学都学不好，而且最好的朋友都在别的学校，我很痛苦。”从小丽的话语中可以看出小丽来到高中后没有新的好朋友，缺乏与人合作的意识。如果家长从小培养孩子的合作意识，帮助孩子摒弃以自我为中心的优越感，当孩子进入新的学习、生活、工作环境时，孩子将更容易适应环境，在新环境中主动与人合作而不是孤军奋战，孩子的抗压能力会变得更强。

如果家长对孩子多一些了解和理解，给予孩子鼓励、支持，并成为其朋

友，孩子会更愿意向父母表达自我，家长就能及时发现孩子存在的问题，这会对孩子的发展产生更多有利的影响。

另外，小丽及其父母对抑郁症缺乏了解，以至到医院看病时忽略看心理科或精神科，耽误了一年时间，差点酿成大祸。如果早一点介入心理治疗和药物治疗，小丽的情况也许不会这样严重。

如果孩子只是偶尔出现抑郁情绪，一般不会存在太大的问题，大部分人在不同时期都有可能出现抑郁情绪。如果孩子的抑郁情绪持续几周甚至几个月，家长就必须考虑带孩子去寻求精神或心理医生的帮助。

抑郁症患者常见症状

1. 情绪：心情持续低落，快感缺失，焦虑紧张，胡思乱想，消极悲观，感到绝望，甚至产生自杀的想法。

2. 思维：反应迟钝，优柔寡断，言语减少，语速明显减慢，声音低沉，对答困难，自觉“脑子像是生了锈的机器”或“脑子像一团糨糊一样”。

3. 认知：注意力不集中，记忆力下降，学习困难，具有悲观的解释模式，持有消极的观点，倾向于把失败的责任归结于自己，把成功归功于外部的不稳定因素，认为取得成功是一时运气，常常内疚自责，感到无用、无助、无望。

4. 行为：兴趣减退，对之前的爱好也失去兴趣，行为减少，表现得无所作为，无所事事，六神无主，甚至有自杀倾向或行为。

5. 躯体：可以有很多症状，常常会成为病人的主诉，包括疲劳乏力、睡眠紊乱、无法入睡、早醒、消化不良、胸闷、心悸、身体感觉疼痛（比如背痛、头痛）、产生幻觉等。

父母犯的“错”需要孩子来承担吗？

■ 蒋晓玲（12355 广州青少年服务台在线专家）

12355 广州青少年服务台的电话响起，来电者是一个 18 岁的男孩，名叫小超，大学一年级学生，当他一个人在家的时候，就会有自杀的想法。他觉得自己的智商有问题，感觉前途很迷茫，很害怕与人深交，认为自己如果是正常出生的孩子，学习能力就不会差，也不至于是现在这个样子。他认为父母犯的错总得有人承担，不如让自己来承担，死了算了。小超今天早上在家中自杀未遂，下午致电向 12355 求助，但他很迷茫，不知道求助什么。

个案分析

小超家中有父母，还有哥哥、姐姐，自己是父母违反计划生育政策生下来的孩子。他说，有过 4 次想自杀或自杀未遂。从 12 岁开始，父母决定把他一个人送回家乡读书，他受家乡同学的排挤，跟父母说，父母却不重视。那时他的情绪不好，13 岁时离家出走一周，想自杀，却未遂。后来父母同意他转学回到父母所在的城市，中考时他却因上不了户口进不了重点高中，与父亲打了一架，并与父亲断绝关系，投河自杀。可能是他有求生的欲望，他又游上岸来。他没有把自杀这些想法和行为告诉过家人。

根据小超的叙述，咨询师初步分析小超因政策原因而上不了户口，为了躲避惩罚，他在 12 岁时被独自送回家乡，受人排挤欺侮。这些经历对小超而言是一个很大的伤害，让他从小感到自己是多余的，没有价值的，担心被抛弃，缺乏安全感。小超对父母产生怨恨，会让他产生防御心理并做出防御行为，用自残自杀来抵抗外界的压力。

咨询师引导小超看到自己的优点，看到自己承担了不该自己承担的压力而感到委屈，也看到自己能勇敢地求助，看到自己强大的生命力；引导小超认识到，正是他的这些经历让他产生了自己是多余的想法，让他担心被抛弃，缺乏安全感等，这种防御模式影响了他的人际关系及人际交往。

咨询师还与小超探讨了父母及家人对他的关心和爱护，让他体会到父母对他一点一滴的爱和为他的成长做的努力，父母也不想让他自暴自弃。经过引导，小超认为：父母是爱自己的。

咨询师建议小超找学校的心理老师帮助他走出心理阴影，认识自己并找到自我，规划成长，融入集体。这些对小超而言是很重要的课题。

小超反馈，与咨询师聊天后他感到心情舒畅了很多，现在已没有自杀的想法了。

成长建议

不少家长养育孩子往往重视“养”，而忽视“育”，忽视孩子的心灵成长，不太顾及孩子的感受。小超在 12 岁时独自一人被送回家乡，去到一个陌生的环境，遭受旁人的排挤欺侮，向父母倾诉却得不到父母的理解和支持。当时正处于身心发育时期的小超，情绪不稳定，容易情绪失控和行为冲动。这些挫折会让他更容易对他人产生戒备和敌对心理。久而久之，他变得不愿与人交流，自我封闭，性格孤僻，社会情感淡漠。这样的孩子在人际交往和自信心方面自然比其他孩子要弱，他们难以树立正确的人生观、价值观、世界观，对未来感到茫然。当他们遭受挫折，更容易产生认知偏差和内心迷茫，由此产生怨恨情绪和偏激想法。

值得注意的是，留守儿童也常常出现类似的心理问题。

其实，孩子自我伤害的同时也在伤害父母！孩子只要感觉内心对父母有一丝丝的怨恨、不满，就有可能做出伤害父母的事，最容易做到的就是通过伤害自己使父母受伤。

作为孩子，需要理解父母爱孩子是本能，父母在能力范围之内会毫无保留地把自己的爱给孩子。孩子要了解、理解父母，与自己的父母多沟通，深刻体会父母毫无保留的爱，如果选择相信和尊重，和解就有可能发生。当孩子既与父母保持相对独立，又与父母保持爱的连接时，孩子就会更珍视自己的生命，更愿意与人相处，更有合作的意识和能力，生命力更强。

蒋晓玲

12355 广州青少年服务台在线专家
国家二级心理咨询师

抑郁，我该拿你怎么办？

■ 娄慧娜（12355 广州青少年服务台在线专家）

18 岁的莉莉就读于一所师范大学，喜欢唱歌、朗诵。

莉莉的爸爸和妈妈都是知识分子。爸爸从小对莉莉要求严格。每次考试，莉莉考好了，爸爸就开心；考不好，莉莉就会挨打挨骂。五年级时，有一次莉莉没有考好，爸爸把她听音乐的设备全都没收了，不准莉莉再唱歌。直到莉莉上了大学，爸爸仍然对她要求很严格，有时还会骂她。

在宿舍里，莉莉说话非常直接，有时不会考虑其他舍友的感受，和舍友的关系不是那么和谐。在班级里，莉莉也没有特别要好的朋友。

两个月前，为了参加学校的歌唱比赛，莉莉天天对着镜子练习。但比赛时，她仅仅拿到了第三名，她非常伤心。加上前一段时间莉莉追求的一个男生拒绝了她，这使莉莉更加难过。自此，莉莉干什么都提不起劲，觉得生活无意义，很绝望，不想活了。

个案处理

通过与莉莉的交谈，咨询师发现莉莉从小到大都认为只要自己考试没考好、事情没做对、爸爸不认可，自己就是没有价值的，自己不够好。唱歌比赛没有拿到第一名，喜欢的男生拒绝了自己，这些都是诱因，加重了莉莉的无价值感和无意义感，再加上莉莉不太和谐的人际关系、爸爸早年的养育方式，最终莉莉的抑郁情绪爆发了。

为了解决这个问题，咨询师建议：

1. 通过外化的方式缓解抑郁情绪，并建议多做深呼吸、多运动。

2. 改变过去的心理认知，即改变“只要考不好、做不好，就认为自己是没有价值的或不够好”的认知。

3. 父母密切配合和支持。

成长建议

当今社会节奏越来越快，人们的生活、学习压力也与日俱增。如果这些压力不能及时得到疏通，再遇上一些重大事件，例如失恋、离婚、亲人离世、工作变动等，人就容易心情低落，产生抑郁情绪。

据统计，我国抑郁症的发病率为 3%~5%，截至 2019 年 10 月，有超过 5800 万名抑郁症患者。

近年来，抑郁症越来越普遍，社会上不仅有很多名人患病的相关报道，还有不少人自嘲患上“抑郁症”。中度抑郁症对人的生活、工作等各方面的影响不容小觑。那么，什么是抑郁症？抑郁症都有哪些表现？面对抑郁情绪，人们可以做些什么？

接下来，我们一起来认识抑郁症。

抑郁症也可称为“精神感冒”，以显著而持久的心境低落为主要临床特征，是一种让人感到悲伤或对生活失去兴趣的情绪障碍。

抑郁症患者可能会出现：

1. 做事的兴趣减退甚至丧失。

2. 对前途悲观失望，似乎生活、工作、学习都前景暗淡，事情已经到了无可挽回和不可收拾的地步。严重者可感到绝望。

3. 感觉无助。

4. 感到精神疲惫，似乎精力已经耗尽，想振作也振作不起来或无法持久振作。

5. 自我评价下降，伴有自责，甚至有罪恶感。

6. 感到生活或生命本身没有意义，或者还不如死了好。常有自杀念头，甚至有自杀行动。（以上摘自《心理咨询师二级》2015

修订版，有修改）

当出现以上这些症状，且持续两周以上，人们要予以重视，及时到正规医学机构就诊。

在日常生活中，可以通过以下方式缓解抑郁情绪：

1. 坚持运动，在阳光充足的天气，到户外进行徒步、爬山、骑车等运动。

2. 深呼吸，盘腿静坐，闭上双眼，持续深呼吸，专注当下。每天坚持 2 次，每次 10~15 分钟。

3. 找人诉说，找一些信任的人说说自己的经历、自己的痛苦等。倾诉是缓解抑郁情绪的一个很好的方法。

另外，对抑郁症患者来说，社会系统和家庭系统的支持也非常重要。

1. 社会系统的支持：尊重抑郁症患者，不要用异样的眼光看待他们，也不要随便议论他们。

2. 家庭系统的支持：不要妄想抑郁症患者可以很快治愈，要去理解他们，包容他们，接纳他们。爱可以化解一切，相信他们在充满爱的环境中一定可以好起来。

娄慧娜

12355 广州青少年服务台在线专家
国家二级心理咨询师

儿子小小年纪就开始酗酒，怎么办？

■ 胡洺语（12355 广州青少年服务台特约专家）

16 岁的李小同是家里最小的孩子，他有一个哥哥和一个姐姐，父母都有一定的社会地位。一家人都对他疼爱有加，恨不得整天都围着他转，他慢慢地习惯了这样的生活模式。

上学以后，他发现其他同学跟他不太一样。比如：学校组织外出野营，父母怕有蚊子、怕他吃不习惯、怕衣服带不够等，在他的背包里装了一大堆吃的喝的用的，他的背包亦因此比别人的重了很多；他想参加学校的长跑队，可是父母说训练太辛苦，太辛苦会长不高等，一下子就浇灭了他的热情。他渐渐觉得父母从来都不信任自己，自己越来越没用，一点价值也没有。

可是，一次喝酒的经历却让他改变了。在他十三四岁时，一次同学过生日，男孩子聚在 起偷偷喝了点酒。他 高兴就喝多了，猛然发现醉酒的感觉真好，大脑晕晕乎乎的，一切烦恼都不见了，眼里到处都是美好的色彩，自己仿佛高大起来了。同学们把他送回家，看到醉酒的他，父母也好像变了个人，无论他说什么都不会否定他。那一刻，他觉得全世界都围着自己转，自己变得非常有能力，感觉好极了。

尽管父母后来一再叮嘱他不能再喝酒了，可是喝酒的感觉那么好，为什么不能再试试呢？于是他爱上了喝酒，刚开始是偷偷喝，后来不喝就会想，于是两三年就发展成了酗酒。学校三番五次找家长劝他退学，父母对此感到非常无奈和伤心。

个案分析

造成李小同酗酒最主要的原因就是父母的过度保护。这种过度保护限制了孩子的发展，导致孩子的自我发展受阻，不够自信，自我价值感低，因此才会在偶然醉酒的情况下，贪恋酒精带来的兴奋感和全能感，最后导致酗酒行为的发生。

在中国的很多家庭中，家长对孩子的事都会代劳。早上在学校大门口，常见的就是父母或者爷爷奶奶背着书包，孩子走在旁边。家长的理由非常充分：孩子太小，书包太重，长期背重的书包会让孩子长不高。

过度保护主要有以下 4 个表现：

1. 家长跟孩子有过多的身体上的交流和接触，比如不间断的陪伴和长期的同睡（建议婴儿从满月开始跟父母分床，儿童 3 岁以后跟父母分房）。

2. 家长延长婴儿的“婴儿期”，如超过哺乳期仍继续哺乳，在儿童能够独自进食、穿衣、上厕所时仍帮忙，等等。

3. 当儿童可以独立适应、进入社会生活时，家长延迟处理或过度保护，如延迟孩子的入学时间、仅允许孩子在自己的视线内玩耍等。

4. 家长有一些极端的做法，因为繁忙或者其他原因，完全不对孩子进行管控，或者因为自己的焦虑和担心，对孩子的所有行为都加以管控。

过度保护的一般表现是“限制性保护”。

比如，当 1 岁的孩子要自己拿勺子吃饭时，家长会说“来，妈妈喂你吧”。家长这样做是因为担心孩子吃不饱或者因为吃得太慢导致饭菜变凉，也担心孩子吃得满身都是饭粒，自己收拾起来比较麻烦，于是就剥夺了孩子动手练习吃

饭的机会。

再比如，当 3 岁的孩子在雨中走路时，家长会说“妈妈抱你吧”，家长这样做不仅是因为担心孩子会摔跤，还担心孩子摔跤后弄脏衣服和鞋子，于是就剥夺了孩子在雨中探索的乐趣。

成长建议

针对李小同的行为，专家与他的父母进行了交流，帮他们分析孩子酗酒的原因，给出以下重点提示：

第一，家长的过度保护会给孩子带来很多不良后果，无论什么年龄阶段，家长都要信任、尊重、理解和帮助孩子，杜绝过度保护。

第二，一旦发现孩子有喝酒、吸烟等不良行为，不要强行阻止，越阻止可能越会带来相反的效果。

第三，要认真地和孩子沟通，了解他有不良行为背后的原因，这个原因也许是追求伙伴在一起的认同感，也许是模仿成年人的行为，也许是缓解压力，也许是出于好奇，等等，要带着理解和爱来了解真相。

第四，和孩子真诚地沟通，避免说教，也避免指责已经发生的不良行为，同时找出孩子的兴趣点和优点，加以强化，尽量引导他们把精力和时间多用于发展兴趣爱好，淡化不良行为。

经过与专家的两次交谈，李小同的父亲意识到了孩子酗酒行为背后的深层次的

原因，于是父母改变了原来的观念，放下身份，像朋友一样真诚地和孩子沟通。另外，他们还听从了专家的建议，开始陪伴孩子，发掘孩子的兴趣爱好，了解孩子内心深处真正的意愿。他们发现孩子对植物和小动物感兴趣，于是经常鼓励他和同学一道参观相关的展览，同时还允许他养一只宠物狗。孩子觉得父母改变了，能够接受自己的想法，也开始信任自己，于是他也开始慢慢地建立了自信，酗酒的行为自然也就停止了。

胡洺语

12355 广州青少年服务台特约专家
国家二级心理咨询师
国家绘画心理分析师

用母爱弥补残缺的父爱，孩子为何抑郁了？

■ 郁辉辉（12355 广州青少年服务台特约专家）

小辉，男，16 岁，辍学在家，不爱出门，喜欢上网、看动漫、玩赛车游戏，若遭到母亲干涉，会出现打骂母亲的情况。近半年来他出现了抑郁情绪，总是不开心。

经过了解，原来小辉的父亲在小辉读初二的时候就离开了家，只有母亲独自一人承担起家庭的责任。为了让小辉能好好学习，对于他的任何要求，母亲基本上都会满足。然而在心理咨询过程中，小辉回忆得最多的却是以前和爸爸在一起的开心时光，他说和爸爸的关系最好。

个案分析

这是一个关于父亲角色缺失家庭的典型案例。父亲在家庭中的角色很重要，他带给家庭和孩子的是男性的坚韧能量，而母亲带给家庭和孩子的则是女性的温柔能量。无论母亲多坚强，她永远无法弥补家庭中父亲的角色与功能。家庭结构的残缺使孩子的成长“先天不良”。

当今社会，很多家庭都存在父亲角色缺失，功能不完善的问题。为了弥补孩子情感上的缺失，母亲会想方设法替代，然而这样做只会导致孩子的情感难以正常建立和表达，会缺乏男性方面的能量，表现异常，或自卑、孤僻、拘谨、沉默寡言，或任性、叛逆、霸道，难以处理人际关系，缺乏目标，缺乏责任感和担当等。

该案例中小辉的父亲离开了家庭，让小辉失去了对父亲的情感依赖，而母亲重视和给予的是物质上的满足，对于情感的给予却是空白的。他甚至开始厌烦母亲，还曾经对母亲说：“为什么你总是笑呢？难道你就没有难受和痛苦的时候吗？”

国内外的许多研究资料表明：孩子有很多情感需要，这些情感需要的满足，对于成长发育中的孩子来说十分重要。孩子的情感形成最先来源于父母，而当情感单一时，孩子便无法完成情感的进化，进而情感淡漠，很难与他人建立关系。

成长建议

如今，随着离婚率逐年攀升，单亲家庭的子女也随之增多。有相当一部分孩子在行为和情感方面都存在着不同程度的性格缺陷和心理障碍。对于该类家庭的孩子，专家建议：

首先，家庭成员要明确各自的家庭角色，完善彼此的角色任务。夫妻之间的相处是在夫妻层面上的，而父亲角色则是在家庭层面上的，因此母亲应在家庭中给予父亲一些角色的存在感和表达，让父亲传递给家庭和孩子男性的坚韧能量。

其次，每个家庭成员都要参与家庭事务的处理，不管孩子多大，父母都要在孩子面前表达出情绪情感变化，让孩子接受与吸纳父母的情绪情感变化，增加孩子情绪的多元化体验。

再次，父母与孩子一道营造良好的家庭氛围。家庭中如果面对离异或亡故等痛苦，家长要重拾对生活的信心，要坦然勇敢地面对现实，为孩子树立一个好的榜样和创造一个好的家庭氛围。

最后，父母应鼓励孩子学会独立。当三人世界变成二人世界时，家长更容易对孩子娇惯溺爱，总觉得对不起孩子，希望用更多的爱来满足孩子作为补偿，对孩子关怀备至。在这种环境下成长起来的孩子，容易性格脆弱，依赖性强，缺乏主见，独立生活能力差。此时，家长能为单亲子女做得最有价值的一件事，就是教会他们如何成为能独立生活的人。

郁辉辉

12355 广州青少年服务台特约专家
广州白云心理医院心理科主任

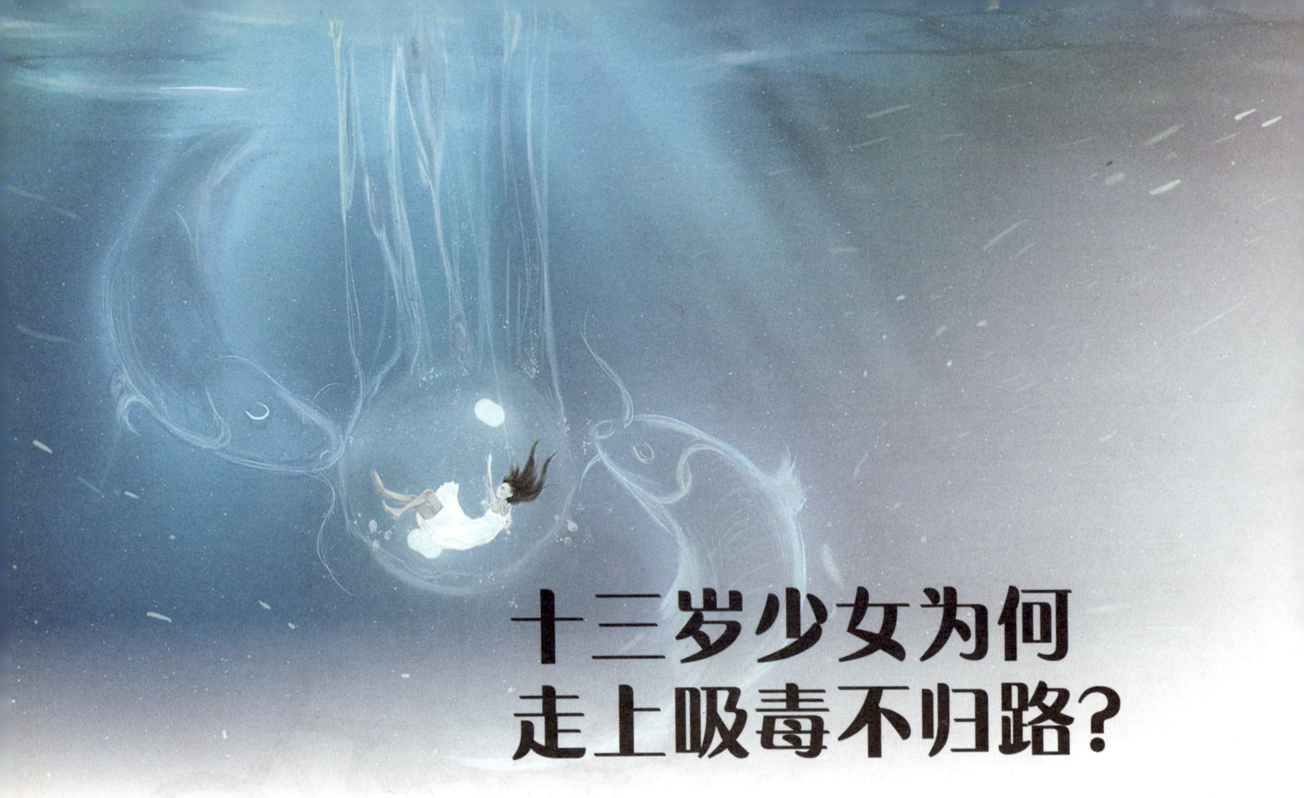

十三岁少女为何走上吸毒不归路？

■ 郑佳雯（12355 广州青少年服务台特约专家）

13 岁的年纪，人生才刚刚开始，应该在阳光下蹦蹦跳跳，应该享受着父母的爱，放声大笑。可是小姑娘萌萌在这样美好的年纪却有了太多她人生中不该有的尝试。

萌萌 2 岁时，父母离异，因为妈妈在外地工作，萌萌便和爷爷奶奶相依为命。8 岁的时候，萌萌的妈妈从外地回来，她又回到了妈妈的怀抱。但是即使萌萌回到了妈妈身边，妈妈依然只顾着工作。

小学时的萌萌性格温顺，学习成绩良好，是个典型的乖乖女。父亲的再婚、母亲的忙碌使萌萌倍感孤独，于是她结交了很多“好姐妹”。她总喜欢在奶茶店跟“好姐妹”聊天，不愿意回家。同时，萌萌还交了男朋友，每天都想着和男朋友在一起，学习成绩也逐渐下滑。

萌萌的母亲慢慢认识到萌萌的问题越来越严重，她发现萌萌在耳朵上打了 7 个洞，还在背上文了文身。但这时叛逆的萌萌已经不受母亲的管教，依然沉迷于“好姐妹”给她带来的快乐，越来越疏远母亲。终于有一天母亲接到派出所打来的电话，民警告诉萌萌的母亲，萌萌在娱乐场所吸食 K 粉被当场抓获，这消息如晴天霹雳一般。

个案分析

只有 13 岁的女孩萌萌，在“好姐妹”的引导下吸食毒品，影响了她的一生。心理医生告诉萌萌的母亲，萌萌的心理变化是导致她吸毒的主要原因，而这些心理变化除了“好姐妹”的影响之外，父母的教育、家庭环境也是很重要的成因。亲子、朋辈关系都在为她铺垫不归路。

现在的食品、社会环境等容易让孩子在生理上早熟。13 岁左右的孩子处在一个迅速发育的阶段，与此同时，家庭、学校、社会等又让孩子的心理晚熟。这个时候他们的心理发育跟不上生理的发育，就会出现很多矛盾的情况，比如叛逆。他们需要父母的引导和教育，如果父母忽略了这点，孩子找不到发泄的窗口就很容易误入歧途，比如早恋、结交不好的朋友，以达到倾诉和获得抚慰的目的。孩子们在一起时，也会模仿大人们的一些不好的行为习惯，最后就可能酿成悲剧。

专家介绍，K 粉是一种常见的毒品，主要成分是氯胺酮。氯胺酮是一种具有镇痛作用的静脉麻药，进入人体后可以产生一种分离麻醉状态，其特征是僵直状、浅镇静、遗忘与显著镇痛，并能让人进入梦境、出现幻觉。长时间吸食氯胺酮也可能使人出现焦虑、自闭、做噩梦等精神症状，这也可能是萌萌后期与家人更为疏远的原因。

成长建议

越来越多的未成年人因为吸食毒品被父母送进戒毒医院，越来越多的父母在孩子出现悲剧的时候束手无策。

心理医生告诉我们，避免孩子走上吸毒的不归路，家长和社会都需要做出努力，必须做到以下几点：

第一，耐心听取孩子的意见，和孩子成为知心朋友，随时引导孩子健康成长。

第二，以身作则，无论家庭中有多大的矛盾和问题，父母首先不能沾染毒品。在孩子面前更要做好榜样。

第三，了解毒品的危害，掌握禁毒知识，成为孩子拒绝毒品的老师。

第四，根据孩子年龄的不同，采取民主商定的办法，不断完善一些必要的家规和准则，相互监督。

第五，认识孩子的朋友和他们的父母，便于家长之间随时沟通，共同商讨毒品预防问题，用一致的思想和方法教育孩子。

第六，当孩子不认同父母的言行和观点时，要有耐心，采取科学的方法，使孩子明白父母是永远爱护他们的，切忌简单粗暴，否则会引起孩子的逆反心理，欲速则不达。

郑佳雯

12355 广州青少年服务台特约专家
二级临床心理师
广州白云心理医院心理科主管
中国心理卫生协会会员
广东省心理学会临床心理专业委员会会员
广州市关心下一代工作委员会委员

怎样帮孩子“戒网”？

■ 曾艳芬（12355 广州青少年服务台特约专家）

和很多沉迷网络的少年一样，阿芬的生活是不快乐的。5 岁那年，阿芬一家南迁到广州，从那时起，这个女孩就要整天面对脾气暴躁、整日酗酒的父亲和严厉苛刻的奶奶，而懦弱的母亲在外打工，只身承担着包括丈夫的酒钱在内的这个家的全部开销，根本没时间陪她。

五年级之后，阿芬再也不能继续忍受待在这个没有任何快乐而言的家庭，终于搬出去一个人住了。从此陪伴她的是乱糟糟的房间、一台老电视、一堆零食和一张床，她喜欢一个人安静地吃穿住行，有时候她看着看着电视就睡着了。她性格内向、没有朋友，还偏偏喜欢装出十分外向的样子。据她说，她怕别人以为她内向就不喜欢她；她长得弱小，而又屡次和男生打架，因为她愿意让别人觉得她是个坏女孩，那样“就没人敢欺负我了”。

16 岁的阿芬第一次有了自己的电脑，从此她再也不用辛辛苦苦地跑出去上网打游戏了，可以在她待了几年的小房间里就开始自己虚拟的幸福生活了。没日没夜地打游戏，阿芬辍学了……然而，一旦关了电脑，阿芬的世界马上被黑暗包围。“躺在床上睡不着，我不停问自己我真的快乐过吗，如果人生没有快乐那我活着还有意义吗。那时候我想到的只有死！”阿芬说。

个案分析

通过和来电者的交流，专家发现像阿芬这样把网络当成心灵寄托的少年占了网瘾少年的大多数，他们在网络中可以找到父母给不了的快乐，可以忘掉学校繁重的功课和社会有形与无形的压力。总之，他们觉得“打开电脑，和朋友一起玩，我很快乐”。

专家说，很多孩子戒网瘾并非自愿。就像刚走进初级班的那一天那样，一般在长达一个星期的时间里，多数孩子无论如何开导都不会有任何笑容，甚至不回答心理医生善意的询问，对周围的心理医生、护士、康复师充满抵触。他们紧紧地封锁着内心，回避着热情，只有心理医生再进一步用温情和良言去“破冰”，取得他们的信任，那才算到了柳暗花明之地。

“心理游戏”这个重要的干预技术经常出现在开导这些孩子的过程中。心理游戏能让阿芬通过观察、学习、体验，进一步认识自我，探讨自我，接纳自我，从而帮助她调整、改善与他人的关系，形成新的态度与行为方式；让阿芬在轻松愉快的氛围中去思考、去感受，在与其他患者相互影响、相互支持中发现平时不曾留意的问题和领悟道理。通过游戏，心理医生还可以发现阿芬需要特别予以帮助的问题，了解阿芬主要的心理特点。

很多家长可能不知道，其实玩耍是孩子最好的学习课堂。在玩耍中他们可以快乐地唱歌、跳舞和做游戏，也可以学到对他们成长有帮助的知识，有

助于提高他们的认知能力、稳定他们的情感、协调他们的情绪，还锻炼了他们的身体、提高了他们的运动能力和社交能力。

有的家长为自己很少在家陪孩子感到内疚，于是尽量满足孩子各种要求，尤其是经济上的要求。其实这些家长根本不懂怎样才是真正爱孩子，爱孩子需要的是“满足孩子的合理要求”，陪不陪孩子玩耍是最能考验父母到底爱不爱孩子的方式之一。而一味在经济上溺爱孩子，恰恰说明了父母想摆脱教育孩子、引领孩子健康成长的责任，这只会让孩子更加拒绝独立，觉得凡事都来得天经地义。长此以往，孩子会觉得自己没有什么价值，从而丧失了生活追求。

成长建议

首先，父母应学会理解、尊重孩子的“游戏”和乐趣。时代在发展，包括互联网在内的很多事物都在更新发展，家长对很多东西根本就不了解，仅仅一味依靠自己的主观看法评价对错，试图控制孩子，在无意识中把他们当成“乖乖女”“乖乖仔”。其实孩子们玩得热火朝天的游戏，父母多半根本不知道游戏的规则，更不知道他们的乐趣所在。父母在拒绝游戏的同时，也拒绝了孩子。孩子从父母那里寻找不到理解和支持，怎能建立起沟通关系？

其次，父母要给孩子玩的权利，让孩子有自己玩耍的空间。每个孩子都是一部书，每个孩子都有自己的天堂，尊重孩子玩的权利就是尊重他们的选择。父母不能让孩子无节制地玩，但是父母要让孩子玩的时候更加尽兴，要让孩子在玩耍的同时学会思考问题、学会承担责任、学会遵守社会秩序、学会尊重他人和培养与他人交往的能力。如果家长能够和孩子一起组织游戏，进入角色的话，那是最好的。组织一次家庭游戏能使家庭成员融为一体，让大家有更多有意思的话题，使沟通更轻松、有趣。适当给孩子营造一个梦幻的空间，营造一个童话般的氛围，比如孩子过生日的时候或者圣诞节的时候，家长努力与孩子进行和谐交流，这会给孩子带来巨大的欢乐，让所有沟通都在快乐之中进行。

与此同时，父母更要善于在与孩子玩耍中发现他们的长处。每个孩子都有他们的亮点，而这些亮点恰恰是孩子最看重的，最需要鼓励的，尤其是青春期的孩子。然而遗憾的是，很多家长并不能发现孩子的亮点。就算是一个打游戏成瘾、“包夜”上网的孩子，也都有至少一个优点，那就是执着、意志坚定。他们在坚守自己的快乐，为了游戏角色不停努力。只有父母发现了这些，孩子才能和父母说出心里话，才能把“敌人”变成“朋友”。

值得注意的是，父母允许让孩子开心地玩，但是必须制订规则。告诉孩子“规则”是必须的，但是这种规则父母可以和孩子一起制订，比如：孩子多久可以上一次网，父母多久陪孩子出去玩一次，父母犯了错误怎么办，等等。双方达成共识之后，都要严格遵守，赏罚分明。

要让孩子在玩中学习，父母要注意把握以下原则：

1. 快乐是玩耍的第一原则。不要为了让孩子发展更“全面”，强迫他玩不喜欢的游戏。

2. 玩耍要自然，不要把玩耍变成刻板的学习任务。

3. 最好的玩法是既简单又有趣，不要给孩子特别多的指导和命令。

4. 玩耍可以有很多方式，应该创造一些孩子喜欢的方式。

5. 孩子表现好的时候，比如孩子学会了合作和分享，一定要给他拥抱作为奖励。

亲子间的游戏能弥补当今社会孩子玩耍空间越来越小的缺陷，同时有利于双方的沟通和交流，有利于改善亲子关系，让孩子学会感恩、理解父母。所以，我们为什么不和孩子一起去玩呢？

曾艳芬

12355 广州青少年服务台特约专家
三级临床心理师
国家二级心理咨询师

疾风骤雨的花季，我怎么往前走？

■ 傅 裕（12355 广州青少年服务台特约专家）

小玲，17 岁，初中辍学，与男朋友同居 2 年多。小玲从小跟父母关系不好，家中有一个弟弟，她受到的关注很少。父母因为反对她和男朋友在一起，与她断绝关系，把她赶出家门，禁止她回家。男朋友 20 岁，小玲给男朋友生了两个孩子，孩子养在男朋友父母家中。现在男朋友移情别恋，跟她提出分手，男朋友离开了她住的地方，并删除了小玲所有联系方式。

小玲绝望至极，拨打了 12355 热线电话。

接通电话，咨询师听到电话那头传来微弱而绝望的声音："我买了老鼠药，准备了一杯水，我想自杀。父母不认我，不许我回家。他（男朋友）永远都不知道我为他付出了什么，他怎么可以这样对我。为了满足他经济上的需求，我曾经出卖身体，这些他都不知道。他抛弃了我，现在我什么都没有了。"

从小玲的诉说中，咨询师了解到她为男朋友作出的牺牲：与父母断绝关系、出卖身体只为在经济上讨好男朋友、未成年就为男朋友生育两个孩子。在这段感情中她倾其所有，这也是她在面对男朋友背叛、离去时痛苦绝望的原因。面对这样巨大的现实压力，作为未成年人的小玲缺乏有效的应对能力，认为只有死了才能得到解脱。

在危机干预谈话的过程中，咨询师洞悉到小玲对孩子还有一丝牵挂，就努力从孩子入手鼓励小玲构想与孩子一起生活的画面。小玲表达出一丝的希望："我想把孩子带在身边，我可以卖身养活他们。"虽然这不是一个好的解决办法，但至少小玲表现出了活下去的欲望。咨询师进一步分析孩子的处境，让小玲放心，消除小玲用出卖身体的方式抚养孩子的想法，引导她用适当的方式去生活。

个案处理

通过谈话收集小玲的资料，从小玲表现出的无以应对的绝望感、即将实施的自杀计划、无可利用的社会支持以及无其他人在场的环境，咨询师对小玲的自杀风险评估为高危。

小玲从自己的住所打来电话，打算以服用老鼠药的方式结束生命，未提及环境中其他可能造成危险的事物。咨询师劝导小玲把老鼠药扔到屋外的垃圾桶，但是小玲过于悲伤，缺乏行动力，没有立即这样去做。咨询师将小玲的注意力转移到谈话中。

所幸的是小玲在自杀前打来电话，有求助意愿。咨询师在倾听的同时给予小玲真诚的接纳以及充分的共情，最终引导小玲看清自己所面临的危机问题——对男友无情抛弃自己的现实无法接受，对孩子的牵挂，对自己未来无所依靠的恐惧。

小玲自诉与原生家庭断绝了关系，因为她执意与男朋友在一起，父母不允许她踏进家门。平时的生活，她也只围绕男朋友，没有其他朋友，社会支持匮乏。12355 热线电话提供了一个温暖、包容的环境，让她可以倾诉和宣泄情感。咨询过程中，咨询师得知她有一份工作，并寻找到可以成为她新的情感寄托的资源——孩子。咨询师在提供支持和鼓励她生活下去的同时，和她一起客观分析了整个处境，也协助她探索其他可以利用的资源，通过让她找到除自杀以外的其他解决问题的途径来解除危机。

对小玲生命安全的关注，贯穿整个谈话过程的始终。心理危机干预最终目的是保证小玲的生命安全。小玲来电时孤身一人在自己的住所，手边有老鼠药和水，情绪低落而绝望，随时可能有自杀行动。因此咨询师在与小玲交谈的同时，多次尝试劝导小玲把老鼠药扔到屋外的垃圾桶，在咨询师引导小玲看到活下去的必要性和可行性时，小玲终于答应把老鼠药丢掉。

人在危机中的基本思维障碍是一种病理性的思维狭窄，这使得小玲没有办法看到其他解决问题的方法和途径。咨询师和小玲经过谈话，一起制订了解决危机的计划：回家寻求父母的原谅和帮助；接受孩子需要暂时寄养在前男友父母家的事实，努力工作，提升自己，等到自己有实力时，接回孩子；多参加社交活动，扩大人际交往的范围；多到户外进行运动。

经过半小时的通话，小玲的情绪已经趋于平静，表示会努力活下去，为了孩子好好活下去。

此个案处理的关键之处在于小玲被

男朋友抛弃的痛苦情绪需要得到充分的宣泄和理解，找到小玲新的情感寄托，让小玲对自己与父母的关系有一个更加客观的认识和全面的澄清。咨询师对小玲的积极关注和鼓励，让小玲找到除自杀外解决问题的方法，重新建立对生活的信心。

成长建议

危机干预告一段落，我们需要思考：小玲为什么会陷入这样的危机？

从发展心理学的角度来理解。小玲正处于青少年时期，这时期的特点是自我意识高涨，出现反抗心理，心境变化剧烈，心理上的成人感和稚嫩感并存。小玲渴望得到父母的关爱和理解，而事实上父母对她的关注很少。性的发育和成熟让小玲萌生了对异性的兴趣，对爱的渴求逐渐转向异性，一旦收到异性积极的反馈，她便将情感孤注一掷。父母提出的反对意见，激发了小玲的反抗心理，她便不顾一切要和男朋友在一起。当男朋友出轨和她分手，她情绪崩塌，受情绪的影响，她变得思维狭窄，认为自己走投无路。

青少年虽然在生理方面逐渐成熟，但是在心理上和思维上仍然需要成人的引导和帮助。在这里，咨询师提出几点建议：家庭要担负起抚养和教育未成年人的义务，关注青少年的心理需要；学校对青少年的教育要包括恋爱、交友等方面的心理辅导，特别是在性教育方面要加强；青少年进行男女交往时要自尊自爱，如果有性行为，要有防护措施；社会各界要维护未成年人的权益，如发现未成年人权益受侵害，要积极伸手援助。

傅裕

12355 广州青少年服务台特约专家
国家三级心理咨询师
广州医科大学附属脑科医院心理咨询师
广州市心理危机研究与干预中心成员

我在死亡边缘徘徊，如何向生而活？

■ 何爱芹（12355 广州青少年服务台特约专家）

叮叮是一个 16 岁的花季少女，一年前情绪失控，并且割腕自杀，被家人发现之后送至医院救治，后转介精神科被诊断为重度抑郁症。但是叮叮不觉得自己患有抑郁症，认为是父母强加给自己的帽子，借此忽略自己内心的真实需要，甚至觉得父母极其恶心，因为一直以来，父母总是高高在上，对叮叮所做的事情有诸多挑剔，一旦叮叮做得不合意，就会认为是叮叮无能。同时，父母之间的感情不好，时常会发生争吵，也总是扬言要离婚，整个家庭都“硝烟弥漫”。叮叮总认为自己存在于这个家庭没有一点价值，跟父母之间似乎已经没有了情感的连接，所以平时会拒绝跟父母说话。另外，叮叮在学校也无法集中注意力去上课，每天郁郁寡欢，没有兴致参与团体活动，跟周围的同学显得格格不入，除与少数同学见面时会问候一两句之外，连一个可以聊聊天、肩并肩同行的朋友都没有。仿佛在这个世界上，叮叮只是一个孤单的生命，只能偶尔依靠脑海幻想的另一个自己“当当”来陪伴她说说话，借此得到片刻心安，才能鼓起勇气继续活下去。可大部分时间，叮叮都会有无尽的虚无感和绝望感，认为自己不该存在于这个世界，自杀的念头也随之不停涌现。

叮叮在无数次关于“死去”和“活下来”的自我拉扯中痛苦不堪，终于主动寻求心理干预，希望对自己进行一次救赎。

个案处理

咨询师在倾听叮叮诉说经历和当时想法的过程中，充分表现出理解、真诚、接纳及尊重的态度，迅速与叮叮建立信任关系，并从叮叮的角度出发，帮助其确定所遇到的危机问题，同时收集叮叮的资料和症状。从叮叮表现出的虚无感、绝望感、情绪持续低落、人际和社会功能退化、言语中流露自杀意图、曾有自杀未遂的经历等情况，咨询师对叮叮的自杀风险评估为高自杀风险，暂无自杀计划。

在整个危机干预的过程中，保证叮叮的安全始终是首要目标。叮叮长期一个人在家，时常出现强烈的自杀念头，这样的处境相当危险，应该保证叮叮在无人看护的情况下远离对人身安全造成危害的物品和危险的环境，在可能的情况下尽量找人陪伴她，或是让她参与其他现实活动，转移注意力，避免消极情绪无限蔓延。

叮叮在日常生活中未与他人有过多的交流，特别是关于内心的想法更是少向人透露。12355 热线电话提供机会，让叮叮可以与咨询师畅所欲言，借此表达和宣泄自己的情感，释放过去种种伤害所积累的负能量，从中感受支持与鼓励，即时减轻她的无助感。

叮叮的思维处于被抑制的状态，她不知道自己存在的意义，在当前很难判断什么是最佳选择。所以在叮叮倾吐种种不快之后，咨询师尝试建议叮叮从不同的途径思考变通方式：一是对外挖掘环境资源；二是对内启用心理资源。

当危机干预进行到后期，咨询师提出与叮叮共同制订行动计划来矫正其情绪的失衡状态，协助叮叮制订短期提升自我应对困境能力的计划。

咨询师再次明确叮叮同意制订的计划，并鼓励她对自己的承诺采取确定的、积极的行动。另外，咨询师建议叮叮在之后实施计划过程中如遇到问题，都可以再与咨询师沟通商议。

成长建议

叮叮情绪不稳定，人际交往退缩，思维僵化，沉浸在幻想世界，悲观厌世，甚至有强烈的自杀意念，主要的原因是长期以来家庭氛围紧张，叮叮的情感需求被漠视，她找不到存在的价值，认知也随之扭曲。叮叮与家庭和外界缺乏有效连接，同时缺乏被关心、被尊重乃至被关爱的感觉，整个人生陷入无助的绝境之中。因此对叮叮的帮助需要从其危机问题的根源来探讨有效改善现状的方式。

叮叮对选择生或死、对接受或拒绝帮助有着明显的矛盾心理，这种矛盾心理在她的行为中表现明显。如：叮叮反复认为自己不该存在于这个世界，而又会幻想出另一个自己“当当”来鼓励自己活下去；叮叮不信任医生给予的诊断和治疗，而又会在痛苦之中主动寻求心理帮助。因此在对叮叮的帮助过程中，需强化其对“生的欲望”和“主动寻求帮助”的想法。

叮叮需要及时得到危机干预，在按六部曲解除危机预警之后，她仍需要得到后续的心理支持。首先，鼓励叮叮保持精神健康和精神平衡，积极参与抑郁症的治疗，学习更多的知识来应对自己的精神压力和精神障碍；其次，增强叮叮的自信，鼓励叮叮学会独立，获得更多支持生活的技能，以及形成自己认为有意义的、可行的人生哲学；再次，鼓励叮叮表达情感，学会正确对待自己的情感，鼓励她向周围的人倾诉和寻求帮助；最后，动员叮叮的家人接受家庭辅导，改善家庭关系和氛围，让叮叮可以在一个安全有爱的环境中健康成长，走出死亡的阴影，向生而活。

何爱芹

12355 广州青少年服务台特约专家
国家二级心理咨询师
国家初级心理治疗师
广州医科大学附属脑科医院心理咨询师
广州市心理危机研究与干预中心成员